Inhalt

Vorwort

Vorwort

„Ohne Sonntage gibt es nur noch Werktage". Mit diesem eingängigen und logischen Motto treten Christen und Kirchen für den Erhalt des Sonntags ein. Denn es stimmt, dass es ohne Sonntage nur noch Werktage gäbe. Aber der Sonntagsschutz alleine garantiert noch nicht viel. Bedeutender ist es, ob es uns gelingt, den Sonntag in den Werktag mit hinein zu nehmen. Lebensqualität darf sich nicht nur auf das Wochenende beschränken. Der Glanz der Sonntagsbotschaft muss hinüber gerettet werden in den Alltag, ja die Botschaft von der Auferstehung von Jesus Christus will unseren Alltag durchdringen.

Dazu braucht es freilich geöffnete Augen für die Schönheit der Schöpfung Gottes. Dazu braucht es aufnahmebereite Ohren für die stillen Nachrichten aus der Welt Gottes. Und dazu braucht es offene Herzen, dass Glauben und Leben wieder dringend zusammen kommen. Viel zu lange und zu oft haben wir unser Leben aufgeteilt zwischen Sonntag und Werktag, zwischen Pflicht und Kür, zwischen Dampf und Krampf.

Jesus hat seine Botschaft vom gekommenen Reich Gottes oft in Gleichnissen erzählt. Das war so praktisch und so lebensnah. Auf dieser biblischen Grundlinie liegen auch die modernen Gleichnisse von Uwe Heimowski, mitten aus dem Leben gegriffen und auf den Punkt gebracht. Bei mancher Geschichte durchfährt einen ein „Hoppla", ein Aufmerken, ein Stolpern. So kommen wir vom Lesen zum Staunen, vom Staunen zum Denken und vom Denken zum Danken. Lassen Sie sich anstoßen zum prallen vollen Leben aus Glauben zum Glauben.

Hartmut Steeb, Generalsekretär der Deutschen Evangelischen Allianz, Stuttgart

Willkommen
zu diesem Buch

Willkommen

Ich bin dafür. Auch und gerade in diesen Tagen und Zeiten, in denen ein Chor von Nörglern und Meckerfritzen sein Lied anstimmt (und was wird nicht alles beklagt: die „raffgierigen" Manager, die „schlimme" heutige Jugend, „der Verfall der Werte", die Party- und Spaßkultur, die „Überalterung" der Gesellschaft, der „Niedergang" des christlichen Abendlandes und so weiter und so fort).

Mal ganz abgesehen davon, ob die Meckerer in der – jeweiligen – Sache vielleicht recht haben mögen: Mir gefällt diese Haltung nicht. Dagegen sein, einfach und immerzu dagegen? Nee, das will ich nicht, das ist mir zu wenig. (Und schon bin ich selbst im gleichen Trott und meckere übers Meckern, bin dagegen, dagegen zu sein – aber auch das ist zu wenig.)

Deshalb: Ich bin dafür! Ich möchte Mut machen und aufmuntern. Hoffnung stiften und Dankbarkeit fördern. Darum dieses Buch.

Auf Seite 14 finden Sie einen ganz praktischen Tipp zur Dankbarkeit: das Erbsenzählen. Erbsen zählen? Ja, Erbsen zählen. Aufmerksam sein und dankbar werden für die vielen, kleinen – oft ganz kleinen – guten Momente des Tages, des gewöhnlichen Alltags.

Ich möchte Geschichten davon erzählen. Geschichten über unscheinbare, alltägliche Beobachtungen und Begegnungen. Und ich möchte davon erzählen, wie ich gerade in diesen klitzekleinen Dingen immer wieder auf Gott gestoßen bin.

Alltag erleben – und diesen dann fruchtbar machen für den Sonntag. Sonntag feiern – und diesen fruchtbar machen für den Alltag. Das ist mein Anliegen mit diesen kurzen Betrachtungen.

Der Grundstock dieser Mutmacher-Texte ist im Verlauf einiger Jahre entstanden. Für die *Ostthüringer Zeitung,* das Lokalblatt meiner Heimatstadt Gera, schreibe ich regelmäßig ein „Wort zum Sonntag". Viele Menschen haben darauf positiv reagiert, Christen und Leser, die nicht Christen sind, fühlten sich angesprochen und ermutigt. Das hat mich gerührt und gefreut.

Und so entstand die Idee, daraus dieses Buch zu machen. Die ursprünglichen Texte wurden überarbeitet, viele andere sind neu entstanden. Alle haben eine gemeinsame Absicht: Mut machen – ich bin dafür!

Übrigens: Die meisten der Gedanken in diesen Texten haben meine Kinder, Melissa, Florian, Talitha und Savina, und meine Frau Christine angestoßen. Danke!

Uwe Heimowski, Gera

Ich bin dafür

Neulich, beim Aufräumen, fiel er mir mal wieder in die Hände. Ein kleiner runder Button mit der Aufschrift: „Ich bin dafür!" Was man so alles in Schachteln und Schächtelchen aufbewahrt ...

Vor gut 20 Jahren habe ich mir den Sticker gekauft. Damals war das so eine Art Selbsttherapie. Eine ziemlich schwierige Lebensphase lag hinter mir. Nun hatte ich den Entschluss gefasst, mein Leben neu zu sortieren und zu gestalten. Der Spruch half mir, meine Gedanken auf ein neues Ziel zu lenken. Früher war mein Motto gewesen: „Ich bin dagegen!", nun sollte es lauten: „Ich bin dafür!"

Lebhaft erinnere ich mich an die vielen Leute, die mich damals gefragt haben: „Lustiger Sticker, aber wofür bist du eigentlich?"

Gute Frage, nicht wahr? Wofür bin ich eigentlich? Wenn wir das Gegenteil gefragt werden, geht die Antwort meist schnell von der Hand. Wogegen bin ich? Da fallen mir viele konkrete Beispiele ein. Aber wofür? Da gerät die Antwort ins Stocken.

Also Butter bei die Fische: Wofür bin ich? Ich bin dafür, dass wir munter – jeder an seinem Platz – unseren Teil zum Gemeinwohl beitragen, statt immer auf „die da oben" zu schimpfen.

Ich bin dafür, dass wir zufrieden sind mit dem, was wir haben, und deshalb dem anderen sein Glück von Herzen gönnen.

Ich bin dafür, dass wir endlich wahrnehmen, in welchem Teil der Welt wir leben, nämlich in dem sehr, sehr wohlhabenden Teil, und dass wir wieder lernen, danke zu sagen.

Ich bin dafür, dass Menschen auch heute noch verantwortlich Ja zueinander sagen. Dass sie eine Ehe schließen und sich auch um deren Zukunft kümmern. Dass Partner lernen, sich zu lieben, und auch lernen, zu streiten und zu vergeben, und – manchmal „trotz allem" – treu zu sein.

Ich bin dafür, dass wir Kinder bekommen aus Liebe und Begeisterung. Und nicht zuerst aus wirtschaftlichen und demografischen Gründen.

„Lasst uns endlich wieder lernen, danke zu sagen."

Ich bin dafür, dass alte Menschen respektiert, geschätzt und würdevoll behandelt werden, bevor es vor lauter Kürzungen womöglich noch zum „Aufstand der Alten" (so der Titel einer Fernsehdokumentation) kommt.

Ich bin dafür, dass wir entdecken, warum wir einen Grund haben, grundsätzlich dafür zu sein: *Wenn Gott für uns ist, wer kann dann gegen uns sein?* (Römer 8,31).

Nun, haben Sie noch Platz für einen Sticker an der Jacke?

Ich bin dafür.

Erbsenzähler

Erbsenzähler

Ich mag sie nicht. Diese kleinkarierten Wesen, die stets und ständig was zu nörgeln, zu kritteln und zu verbessern haben. Diese Menschen, denen nichts gut genug und schon gar nichts genau genug ist. Die sich an winzige Kleinigkeiten klammern und in Wortklaubereien verlieren. Erbsenzähler halt.

Wie gesagt, ich mag sie nicht. Oder besser: Ich mochte sie nicht. Denn neulich hat das Erbsenzählen eine ganz neue Bedeutung für mich gewonnen.

Ich saß mit einigen anderen Pastoren beieinander und wir besprachen Konflikte aus unserem Berufsalltag – und manchmal kommt auch in Kirchen und Gemeinden eine Menge Frust zusammen. Ein Kollege war ziemlich niedergeschlagen. Er berichtete düster und frustriert, irgendwie war ihm alles zuviel. Als er sich den ganzen Packen von der Seele geredet hatte, fragte er: „Was kann ich nur machen, damit ich auch wieder die positiven Dinge sehe?"

Da schlug ein anderer vor: „Wissen Sie, was da helfen könnte? Erbsen zählen." Wir waren alle etwas überrascht. Erbsen zählen? Wie das?

„Nun", sagte der Mutmacher, „das ist eine ganz einfache Idee: Stecken Sie sich morgens eine Handvoll roher Erbsen in die linke Hosen- oder Jackentasche. Immer, wenn Sie tagsüber irgend etwas Gutes erleben – und sei es nur eine Kleinigkeit –, nehmen Sie eine Erbse und stecken sie in die rechte Tasche.

Sie werden staunen: Abend für Abend ist Ihre rechte Tasche voller als die linke. Manchmal werden Sie nicht mal genügend Erbsen dabei haben, um die vielen schönen Dinge zu würdigen ..."

Eine brillante Idee, nicht wahr?

Eine Erbse für das Frühstücksbrot. Eine Erbse für die Frau an meiner Seite. Eine Erbse für jedes meiner Kinder. Eine Erbse, dass der Opa wieder gesund ist. Eine Erbse für den schönen milden Herbst. Eine Erbse, dass die Rosen noch mal blühen. Eine Erbse für – na, wofür fällt Ihnen eine Erbse ein?

„Gott dafür danken, dass es uns so gut geht."

Einmal im Jahr feiern Christen das Erntedankfest. Was für eine gute Gelegenheit, mal all die Erbsen zu zählen, die uns unser guter Gott Tag für Tag in die Tasche steckt. Ein Tag, um mal nicht zu meckern, zu nörgeln und unzufrieden zu sein. Ein Tag, um die vielen kleinen Dinge in den Blick zu nehmen, die in der Summe ein ganz, ganz großes Geschenk sind. Ein Tag, um Gott mal dafür zu danken, dass es uns so gut geht.

Und ein Tag, den man täglich wiederholen kann. Erbse für Erbse.

Viel Spaß beim Erbsen zählen!

Mit dem „Erbsenzähler-Starterset", das diesem Buch beiliegt, können Sie übrigens gleich loslegen (und falls Sie dieses Erbsentütchen nicht erhalten haben, fragen Sie einfach in Ihrer Buchhandlung oder direkt beim Verlag nach.)

Papa, warum sind wir eigentlich traurig?

Es war abends, Anfang Mai, ich brachte meine Zehnjährige ins Bett. Unvermittelt fragte Melissa mich: „Papa, warum sind wir eigentlich traurig? Jetzt geht es Frank doch viel besser. Jetzt hat er nicht mehr so viele Schmerzen und zittert nicht mehr so."

Tränen schossen mir in die Augen. Es war erst ein paar Tage her, dass mein kleiner Bruder, ihr Onkel, der lange krank gewesen war, dann doch sehr plötzlich und dramatisch ums Leben gekommen war. Der Schock war noch nicht verdaut.

Warum waren wir traurig? Warum war ich traurig? Ich versuchte zu antworten: Weil ich ihn vermisse. Weil ich noch so viel Hoffnung für sein Leben hatte. Weil meine Kinder ihn liebten. Weil meine Eltern es sowieso schon schwer genug hatten im Leben und nun noch diesen Verlust verkraften müssen. Weil es einfach weh tut.

Jetzt – ich schreibe diese Zeilen im trüben November – brechen die Gefühle wieder auf ... Die Fragen sind wieder da. Warum bin ich traurig? Weil es – so merkwürdig das klingt – auch gut tut, traurig zu sein. Es tut gut, zu weinen und den Schmerz „heraus zu spülen". Es tut gut, uns gegenseitig zu drücken, einander zuzuhören und zu trösten. Es tut gut, zu erinnern und zu sortieren. Ich brauche die Trauer und meine Tochter verstand, was ich meinte – ihr geht es ja genauso.

Wir brauchen die Trauer. Und das Gedenken. Das Erinnern und Wertschätzen. Auch als Volk brauchen wir es, darum begehen wir jedes Jahr im Herbst den Volkstrauertag. Der Bundespräsident hält eine Rede und findet wertschätzende Worte für die Verstorbenen.

Und doch brauchen wir noch mehr als den Rückblick. Menschen leben von der Hoffnung. Und da steckt mich Melissas Hoffnung an. Was ist, wenn das wahr ist, die Sache mit dem ewigen Leben? Was ist, wenn es stimmt, dass – um es mit Luthers Bibeldeutsch zu sagen – „dieser Zeit Leiden

„Weil es auch gut tut, traurig zu sein und zu weinen."

nichts sind verglichen mit der himmlischen Herrlichkeit"? Was ist, wenn das Beste tatsächlich noch kommt? Wenn Krankheit und Leid und Elend, Kriegsgeschrei und Tod nicht das letzte Wort haben in dieser Welt? Was, wenn es stimmt, dass es ein Leben nach dem Tod gibt?

Wenn es stimmt, dann sollte ich mich nicht auf Spekulationen verlassen, sondern wissen, wo es einen Grund für diese Hoffnung gibt. Wo ist die Quelle des ewigen Lebens? Jesus Christus sagt: *„Ich bin die Auferstehung, und ich bin das Leben. Wer mir vertraut, der wird leben, selbst wenn er stirbt"* (Johannes 11,25).

Auf den Volkstrauertag folgt im Kalender der sogenannte Totensonntag. Christen haben einen anderen Namen für diesen Tag: Ewigkeitssonntag. Trauer und Hoffnung, so sagt dieser Name, gehören bei Gott zusammen.

Ich will bei dir sein

Wo Worte nichts mehr sagen,
wo Ratschläge nicht tragen,
will ich bei dir sein.

Bitte sieh dort zu dem Kreuz hin,
auf dem Berg, wo ich für dich hing,
wo in Schmerzen ich dir nah bin,
noch im Sterben für dich da bin.
Ich will bei dir sein.

Nicht mit Almosen, mit Gesten,
nein, ich will dich nicht vertrösten.
Ich will bei dir sein.

Ich will deine Nacht nicht meiden,
jedes Leid mit dir erleiden.
Ich will bei dir sein.

Aus: Uwe Heimowski, *Ich will bei dir sein – Du trauerst nicht allein* (enthält eine Musik-CD mit dem zitierten Lied). Schwarzenfeld 2007

Endlich Ferien

Endlich Ferien

Endlich Ferien. Winterferien. Zwar war eben erst Weihnachten. Aber auch wenn die Schule gerade mal vier Wochen läuft, ist doch der Jubelruf der Kinder nicht zu überhören: „Endlich Ferien!"

Und mir geht es genauso. Ich bin dankbar, dass ich Arbeit habe. Ich arbeite gerne. Wie die meisten Menschen, die ich kenne. Gerade weil es nicht selbstverständlich ist, einen Arbeitsplatz zu haben. Doch dafür sind wir dann meistens auch voll eingespannt: Die einen tragen viel Verantwortung, die anderen haben weite Wege zurückzulegen und die nächsten müssen quälende Schichten hinnehmen. Das schlaucht. Und so erwarten wir den freien Tag: Endlich Wochenende, endlich Urlaub, endlich Zeit.

Wir mühen uns in Schule und Arbeit – und dann freuen wir uns auf die wohlverdiente Pause. Aufs Nichtstun, aufs Hobby, auf Zeit für uns selbst, für die Familie und für Freunde. Damit Menschen auch ausruhen können, setzen die Kirchen sich für den Erhalt des Sonntags als Ruhetag ein.

So ist also unser Rhythmus: Zeiten der Arbeit, Zeiten der Ruhe, dann wieder Arbeit, Ruhe, Arbeit, Ruhe. So kennen wir es. Und so tut es uns gut.

Aber wissen Sie was? Es gibt einen noch besseren Rhythmus. In der Bibel finden wir *diese* Reihenfolge für den Menschen: Ruhe, Arbeit, Ruhe, Arbeit, Ruhe. In den ersten Kapiteln der Bibel lesen wir, dass Gott die Welt erschuf, die Pflanzen, die Tiere und schließlich den Menschen. Und dass er dann ruhte. Gott arbeitet also, und dann ruht er. So, wie unser Rhythmus ist. Aber eigentlich ist es Gottes Rhythmus.

Für den Menschen steht die Ruhe nämlich am Anfang. Adam erlebt an seinem ersten Morgen einen Ruhetag, den Sabbat. Bevor er ans Werk geht, die Tiere zu benennen und den Acker zu bestellen, hat er einen Tag frei. Diesen Tag verbringt er in der Gemeinschaft mit seinem Gott und bald darauf auch mit seiner Frau und mit seiner Familie.

„Aus der Ruhe heraus an die Arbeit gehen und leben.“

Ich mag diesen Gedanken. Aus der Ruhe, aus der Gemeinschaft mit Gott und Menschen heraus an die Arbeit zu gehen. Ausruhen, weil wir erschöpft sind, ist gut. Aus der Ruhe heraus zu leben, um gar nicht erst bis zur Erschöpfung zu arbeiten, ist noch besser. Das ist mehr als ein Wortspiel. Bis heute ist ja der Sonntag offiziell der erste Tag der Woche, nicht der letzte.

Nun sind Ferien. Die Kinder bringen Zeugnisse nach Hause. Hoffentlich gute. Aber vielleicht auch nicht ganz so gute. Was tut man in letzterem Fall? Pauken, Nachsitzen, eine Woche Gas geben? Oder vielleicht erst recht erholen, spielen, toben, frische Luft tanken? Erholte Kinder lernen besser. Erholte Erwachsene auch.

Nehmen wir uns Zeit, wo dies möglich ist. Zeit für Gemeinschaft. Miteinander – und mit Gott.

Endlich Ferien.

Sommerloch

Sommerloch

2007. Dieses Jahr hat es uns wieder, das Sommerloch. Ich meine nicht die Temperatur, die klimagewandelt unseren Biorhythmus verwirrt. Nicht die eher unbekannten Politiker im Schatten der Großen, die sich bald wieder sinnlos ins Rampenlicht stellen werden. Nicht die allgemeine Stadtflucht zu Garten und Grill.

Nein, ich meine das richtige, wirkliche, einzige, definitiv brutale Sommerloch: Es ist fußballfreie Zeit! Die letzten Bälle sind gekickt, der letzte Schiri-Pfiff ertönt, die Saison ist vorbei. Und wehe, es ist eins von diesen bösen, grausamen Überbrückungsjahren ohne eine Welt- oder Europameisterschaft zwischen den Spielzeiten.

Fußballfan, wie hältste das aus?

Kaum. Und wenn schon, dann höchstens mit dem guten Gefühl, eine erfolgreiche Saison gespielt zu haben. Wenn die Bayern Meister geworden sind (ja ja, ich bekenne mich zu dieser Leidenschaft ...), die Rostocker den Abstieg vermieden haben, und wenn Michael Ballack mit Chelsea einen Titel geholt hat, dann trägt die Euphorie mich über den Sommer.

Übrigens gilt das nicht nur für die ganz Großen. Wenn der 1. FC Gera 03 souveräner Meister der Thüringenliga wird, wenn Jena ins Pokalhalbfinale einzieht, wenn die

D-Jugend meines Sohnes aufsteigt, dann gibt mir das einen Schub.

Aber nicht immer geht's mit einem Erfolg in den Sommer. Das macht es schwerer. Nun vergehen Wochen, bis das gebeutelte Team zeigen kann, dass es doch etwas drauf hat.

So oder so, jetzt ist erstmal Pause. Pause, hm. Was macht man da? Was macht man einen ganzen Sommer lang ohne Fußball?

Mein Vorschlag: Tun wir genau das, was Fußballer in der Halbzeit tun: Neben Ausruhen und Energie auftanken hat diese Pause vor allem ein Ziel – der Trainer gibt seinem Team neue Taktikanweisungen.

„Zeit für die Hauptsache.“

Wann, wenn nicht jetzt – im Sommer – ist die Zeit für ein gutes Buch? Die Gelegenheit für ein klärendes Gespräch? Der Spielraum für einen überfälligen Kurzbesuch?

Die Bibel sagt, wir sollen die Pausen nutzen, um uns zu besinnen. Auf uns selbst, auf unseren Nächsten und auf Gott. Sie nennt das „den Feiertag heiligen". Wann haben Sie das letzte Mal Zeit dafür gefunden, buchstäblich über „Gott und die Welt" nachzudenken?

Wir brauchen Zeiten, um die Prioritäten zu klären. Wer das lernt, den schmeißt ein Abstieg nicht aus der Bahn, für den ist ein Aufstieg nicht alles. Champions League – ich freue mich auf die Spiele. DFB-Pokal – ich bin gespannt auf den Gegner. Fußball ist „die schönste Nebensache der Welt". Besonders, wenn sie Zeit für die Hauptsachen lässt.

Und dafür braucht es ab und an ein Sommerloch: um die Hauptsache zur Hauptsache zu machen. Nutzen wir's.

Herbst

Herbst

Die Tage werden kürzer, die Blumen sind verblüht, eine merkwürdig gemischte Stimmung zieht ein: Die bunten Blätter an den Bäumen malen Farben in die triste Natur und in die müde Seele und machen wohlig melancholisch. Die leeren Zweige erinnern zugleich an die (eigene) Vergänglichkeit und machen traurig.

Herbst, die Zeit der Besinnlichkeit, der Sammlung und des Erinnerns. Mit einer dampfenden Tasse Tee vor dem Kaminfeuer lasse ich die Gedanken schweifen.

Mir fällt eine Begegnung ein. Ein Mann um die 50 spricht mich an. Wir kennen uns nur flüchtig vom Sehen, doch er erzählt ohne Umschweife aus seinem Leben. Er muss etwas loswerden. Die vergangenen Monate waren schwer. Bei einer Routineuntersuchung hat ihn die Diagnose ereilt: Krebs. Operation, Bestrahlung, Chemotherapie lagen hinter ihm. Zeiten des Hoffens, Zeiten der Verzweiflung, dann die Genesung – und zugleich die Befürchtung: Sind da vielleicht doch noch Metastasen?

„Man denkt viel über den Tod nach in so einer Zeit. Und da habe ich eine Frage", er sieht mich etwas unsicher an, reibt die Fingerspitzen aneinander. „Was mich umtreibt – ich bin Atheist, wissen Sie –, was mich umtreibt, ist die Frage: Sterben Christen anders?"

Wir reden lange miteinander. Meine Antwort geht in zwei Richtungen: Sterben heißt *Abschied nehmen*. Ob Christ oder Atheist, wer „sein Haus aufgeräumt hat", der kann leichter gehen. Wer das klärende Gespräch gesucht, die vergebenden Worte gefunden und den Nachlass geregelt hat, der kann loslassen. Wer etwas Sinnvolles getan hat in seinem Leben, der kann mit Stolz zurückblicken und in Frieden ziehen. Wer dagegen ein ungeregeltes, sinnloses Chaos zurück lässt, auf verpasste Chancen und ungenutzte Gelegenheiten sieht, dem fällt es ungleich schwerer, zu gehen. Den Abschied kann man vorbereiten.

„*Christ muss man nicht sein. Christ kann man werden.*"

Sterben heißt auch *Ankommen*. Wohin gehen wir, wenn wir sterben? Gibt es ein Leben nach dem Tod? Wie sieht „der Himmel" aus? Das sind Fragen, über die die Menschheit zu allen Zeiten und in allen Kulturen nachgedacht hat. Die Antworten sind verschieden.

Hier gilt tatsächlich: Christen sterben anders als Atheisten. Christen wissen, wohin sie gehen. Sie glauben an ein Leben nach dem Tod, weil Jesus Christus von den Toten auferstanden ist. Und die an ihn glauben, denen verspricht er das ewige Leben. Das ist eine lebendige Hoffnung, die auch und gerade im Sterben Bestand hat.

In meinem Gesprächspartner keimt sichtbar etwas von dieser Hoffnung auf. „Kann das auch für mich gelten?" „Natürlich", ermutige ich ihn, „Christ muss man nicht sein, Christ kann man werden. Und schon viele Menschen haben durch eine Krankheit den Anstoß dazu bekommen."

Herbst. Zeit, um über Fragen des Lebens und des Sterbens nachzudenken. Wann, wenn nicht jetzt?

Friede, Freude, Weihnachtsplätzchen

Ich liebe es. Nach Hause kommen, von strahlenden Kinderaugen begrüßt werden. Stimmen, die begeistert rufen: „Papa, Papa, wir haben Plätzchen gebacken!" Und dann muss ich, soll ich, darf ich der Reihe nach kosten: Vanillekipferl, Zimtsterne, Schokoplätzchen – herrlich. Meine Favoriten sind „Spitzbuben", ein Mürbteiggebäck mit einem frechen Marmeladengesicht. Ja, so mag ich die Adventszeit: Friede, Freude, Weihnachtsplätzchen. Toll.

Doch das ist nicht immer so. Da ist auch die so ganz andere Realität. Ich komme spät nach Hause, hatte Stress in der Arbeit, und das wilde Durcheinander der Kinder – alles ruft, alles klebt, alles matscht und schmiert – lässt mich aus der Haut fahren. Gereizt meckere ich sie an. Die leuchtenden Augen werden matt. Friede?

Außerdem gibt es noch so viel zu tun, es ist längst nicht alles für Weihnachten erledigt. Da bleibt keine Zeit fürs Plätzchenprobieren. Freude?

Dabei ist das nur mein persönlicher kleiner Alltag. Noch ganz anders sieht es am weiteren Horizont aus: Zyklon in Birma, Erdbeben in China. Friede?

Etwa 3,3 Millionen Arbeitslose, Ängste vor Kürzungen und Steuererhöhungen. Steuerhinterziehungen, Börsencrash. Freude?

Immer mehr Singlehaushalte in Deutschland, eine steigende Zahl gescheiterter Ehen, immer mehr einsame alte Menschen in Pflegeheimen. Weihnachtsplätzchen? Mit welcher Familie denn, bitte schön?

Und doch ist genau das die Antwort: Weihnachtsplätzchen. Gerade jetzt im Advent: Es sind die kleinen Dinge, die unser Leben prägen. Das laute Kämpfen für Frieden und Gerechtigkeit hat seinen Platz und seine Zeit. Doch der Advent erinnert an das Kleine, das Unscheinbare.

„Die kleinen Dinge, die unser Leben prägen."

Der große Gott kommt in die kleine Krippe zu den kleinen Leuten an einem kleinen Ort. Er findet keine große Herberge, so nimmt er mit einem „Weihnachtsplätzchen" vorlieb.

Wir sind eingeladen, es ihm gleich zu tun. Anzukommen im Kleinen, innezuhalten. Wo sind die Momente in meinem Leben, in denen Friede und Freude aufstrahlen? Worin haben sie ihren Ursprung, wer hat sie mir geschenkt? Wofür könnte ich dankbar sein, statt mich zu grämen? Was hat trotz aller großen Umbrüche und Schwierigkeiten für mich Bestand, was (oder wer) hat mich bis auf diesen Tag getragen?

Das ist der Segen der Adventszeit. Sie bietet Gelegenheiten, eine Kerze anzuzünden, eine Tasse Tee zu kochen, Weihnachtsplätzchen zu kosten und etwas von dem Frieden und der Freude zu spüren, die unser Leben prägen. Gott möchte, dass wir sie in die Welt hinein tragen. Vielleicht gibt es jemanden, dem ich Plätzchen bringen kann?

Glücksstein

Glücksstein

5. Juni, Welt-Umwelttag in Gera. In der Innenstadt stehen verschiedene Infostände mit Spielen und kleinen Präsenten. Nett gemacht. Meine Tochter und ich spazieren daran vorbei, schauen hier etwas an und probieren da etwas aus. An einer Schautafel finden wir besonders Gefallen und bleiben stehen. Tiere und Pflanzen aus dem heimischen Wald sind abgebildet. Eine nette Frau lädt Melissa zu einem Quiz ein. Wenn sie zehn Namen erkennt, bekommt sie einen Preis. Das weckt sofort den Ehrgeiz der Zweitklässlerin. Und siehe da, sie schafft es (mit etwas Hilfe ...). Der Preis ist ein Glücksstein. In einem Glas liegen schöne bunte Steine, Melissa sucht sich einen pinkfarbenen aus.

„Der bringt Glück", erfahren wir, „aber pass auf, dass du ihn nicht verlierst, dann bringt er Pech."

Ich kann mir eine Antwort nicht verkneifen: „Ja, das Pech, dass man den Stein dann nicht mehr besitzt, weil man ihn verloren hat." Wir lachen und ziehen unserer Wege.

Nach einer Weile spricht Melissa mich an: „Papa, glaubst du das?"

„Was meinst du? Ob ich *was* glaube?"

„Na, ob du glaubst, dass Steine Glück bringen?"

„Nein", sage ich entschieden.

Sie schüttelt den Kopf. „Ich auch nicht." Aber irgendwie sieht sie nicht so ganz überzeugt aus, und das lässt mich innehalten. Wir setzen uns auf eine Mauer. „Nein, Melissa, Steine bringen kein Glück – sie sind nur Steine. Und vor allem bringen sie kein Pech. Also wenn du deinen Stein verlierst, ist das schade, aber nicht schlimm, okay?" Sie nickt, schon etwas zufriedener als vorher. „Aber etwas anderes bringt Glück, und die Steine können uns erinnern. Schau mal meinen Ring an", ich spiele an meinem Ehering. „Der Ring bringt mir Glück, er macht mich glücklich. Und weißt du, warum?"

„Hier, an dieser Stelle, ist etwas Gutes passiert."

Melissa strahlt: „Natürlich, wegen Mama, weil du mit ihr verheiratet bist."

„Genau. Der Ring erinnert mich an die Mama, und das macht mich glücklich. Wenn dieser Ring einfach irgendwo liegen würde und ich die Mama nicht kennen würde, würde er mich auch nicht glücklich machen." Wieder nickt Melissa, diesmal ohne einen zweifelnden Rest im Gesichtsausdruck.

„Übrigens gibt es auch in der Bibel Glückssteine."

„Ja, Papa? Erzähl mal!"

„Wenn die Menschen früher etwas Besonderes erlebt haben, haben sie einen Glücksstein aufgestellt. Abraham zum Beispiel hat das gemacht. Er wollte damit Gott danken. Und immer, wenn er auf seinem Rundweg als Nomade den Stein gesehen hat, hat er sich daran erinnert. Auch wenn er traurig war, konnte er glücklich werden, weil er wusste: Hier, an dieser Stelle, ist etwas Gutes passiert, und dafür danke ich Gott." Nun strahlt Melissa endgültig. Und wir beschließen, Gott für diesen schönen Tag zu danken – der Stein kann uns daran erinnern.

Der Tiger ist los

Wie man halt so ist. Die Tochter stürmt und drängelt, und eigentlich will man konsequent Nein sagen, und irgendwie wird's dann doch irgendwann ein: „Na ja, vielleicht", und schließlich ein lang geseufztes: „Naaa guuut."

Melissa wünschte sich ein Tier. Ein Pony ist zu groß, ein Hund passt nicht ins Haus, Kaninchen sind zu empfindlich, Hamster zu nachtaktiv, Meerschweinchen zu kurzlebig, Vögel zu wenig schmusig. Was bleibt? Eine Katze.

Ich wollte nie eine Katze. Aber was macht man nicht alles ...

Freunde aus der Pfalz kamen zu Besuch und berichteten von ihrem Katzennachwuchs. Fotos wurden gezeigt. Unter den Sechsen: ein kleines getigertes Kätzchen, das schon auf dem Bild solchen Charme ausstrahlte, dass wir alle dahin schmolzen. Die sollte es sein. Diese Tigerdame würde unser Schmusekätzchen werden.

Denkste. Die Dame, so stellte sich in den folgenden Telefonaten heraus, ist ein Herr. Ein echter Kater. Aber jetzt hatten wir Ja gesagt. Tigerli, so taufte Melissa den Burschen, würde also bald zu uns kommen.

Endlich kam der große Tag. Er war alt genug, um abgeholt zu werden. Wir liehen uns ein Transportkörbchen, standesgemäß in kräftigem Pink, und los ging die Fahrt. Knappe acht Stunden später sahen wir Tigerli endlich von Angesicht. Also so ein süßer Kater!

Gleich nach dem Kater präsentierten uns die Freunde ein kleines Wollknäuel: einen Hasenschwanz – Tigerli und seine Mama hatten diesen Hasen tags zuvor erbeutet. Ach ja, ein echter Schmusekater eben ...

Nun ist die erste Woche mit Tigerli vergangen. Doch, er hat auch wirklich seine Kuschel- und Schmusezeiten. Aber zwischendurch: da hüpft er aufs Fachwerk, da schleicht er sich an und springt auf Papas Zehen, als erlegte er Mäuse, da wühlt er die Blumenerde aus, da erprobt er seine Krallen an Mamas Waden, da ficht er sein Kräftemessen mit unserer Jüngsten aus. Der Tiger ist los!

„Zum Glück wussten wir nicht alles vorher."

Und er macht auch Arbeit. Melissa muss ihn füttern, das Katzenklo reinigen, das gibt richtig was zu tun.

Wir haben vier Kinder, langweilig ist es sowieso nie. Aber Tigerli setzt noch eins oben drauf. Wenn wir das gewusst hätten ... Doch wissen Sie was: Der Kater ist so niedlich, dass wir ihn schon nicht mehr hergeben würden. Zum Glück haben wir nicht alles vorher gewusst. Wir hätten uns selbst um eine große Bereicherung gebracht.

Wie man halt so ist: Bequemlichkeit, Bedenkenträgerei und ach so vernünftige Argumente nehmen einem oft den Mut. Doch nur wer wagt, gewinnt. Christen meinen genau das, wenn sie von Glauben sprechen: sich aufmachen und etwas wagen, Neues entdecken, unbetretene Wege gehen.

Die sind nicht immer bequem und einfach. Aber wenn sie Gottes Wege sind, dann lohnen sie sich. Gott zu vertrauen heißt, etwas zu erleben. Da ist dann schon mal der Tiger los.

Herr Levi und
die Synagoge

Hand aufs Herz: Kennen Sie persönlich einen jüdischen Mitbürger?

Am 9. November erinnern wir uns an zwei historische Momente, die unterschiedlicher kaum sein könnten: Da ist zum einen das Freudenfest zu Ehren der 1989 geöffneten Mauer zwischen Ost und West, die Deutsche und Deutsche (wieder)vereint hat.

Und zugleich gedenken wir der anderen eingestürzten Mauern: Wir erinnern uns an die Reichskristallnacht 1938, als die Synagogen brannten und Geschäfte geplündert wurden, die Nacht, die ein schauriges Symbol dafür wurde, dass Menschen wegen ihres Glaubens in Menschen erster und zweiter Klasse geteilt wurden. Jüdische Mitbürger wurden millionenfach ermordet, verfolgt und vertrieben. Bis heute leben nur wenige Juden unter uns.

Das verunsichert. Wie soll ich mit Juden richtig umgehen? Welcher Deutsche weiß das noch? Und wie auch?

Meine erste bewusste Begegnung mit einem Juden fand Mitte der 1990er Jahre statt, im Rahmen einer Gesprächsrunde bei den Göttinger Hochschultagen. In meinen Händen lag die Gesprächsleitung. Einer der

Gäste war Dr. h. c. Artur Levi, bis 1985 Hochschullehrer und bis 1991 Oberbürgermeister der Stadt. Wir plauderten eine Weile über verschiedene Themen, bis ich ihm eine sehr direkte Frage stellte: „Herr Levi, wie war es Ihnen möglich, 1946 zurückzukehren nach Deutschland? Sie hatten nichts verbrochen, und doch wurden Sie 1937 gezwungen, ins Exil nach London zu gehen, nur aufgrund Ihrer Rasse."

Levi wurde blass. Scharf antwortete er: „Das, was Sie da sagen, ist NS-Terminologie. Es gibt keine jüdische Rasse!"

Das saß. Ich war geschockt. Boden, tu dich auf und verschlucke mich! Irgendwie brachten wir das Gespräch zu Ende. Ich schämte mich fürchterlich, Artur Levi so verletzt zu haben.

„Ich kannte niemanden jüdischen Glaubens."

Aber was war eigentlich der Grund für meinen Fauxpas? Unbedachtheit. Natürlich hatte Herr Levi recht, dass es keine jüdische „Rasse" gibt. Auch meine Unsicherheit spielte eine Rolle. Schließlich hatte ich nie zuvor mit einem Juden gesprochen, ich kannte schlicht niemanden jüdischen Glaubens. Woher sollte ich die Ängste, Verletzungen und Empfindlichkeiten kennen, woher ihr Selbstverständnis? Inzwischen konnte ich zum Glück etwas nachholen, und heute begleite ich regelmäßig Reisegruppen nach Israel.

Ein anderer Gedanke: Dass kaum noch Juden unter uns leben, macht uns arm. Wir hätten so viel von ihnen zu lernen, aus ihrer Geschichte, ihrer Kultur und ihrer Tradition. Ein Beispiel: In Gera begehen wir unser Gedenken am 9. November vor der zerstörten Synagoge, dem jüdischen Gebetshaus. Auf Hebräisch heißt Synagoge *Knes-*

set, den gleichen Namen trägt das Parlament. Gebetshaus und Parlament haben den gleichen Namen. Wie anders sind wir, hier, im sogenannten christlichen Abendland. Da stehen Kirche und Rathaus längst nicht mehr beieinander. Das ist einerseits gut, denn Politik im Namen Gottes ist in Geschichte und Gegenwart immer gefährlich (gewesen). Doch andererseits gilt: Wie gut tut es den Gläubigen, wenn aus ihren Überzeugungen auch Taten folgen. Glaube mischt sich ein, will gestalten und die Welt zum Guten hin verändern. Wie gut tut es aber auch den politisch Tätigen, wenn sie wissen, dass sie sich zu verantworten haben, nicht nur vor ihren Wählern, sondern auch vor einer höheren Instanz: vor Gott. Das Judentum lehrt uns, beides miteinander zu verbinden.

Darum: Nutzen wir Gelegenheiten, Juden kennen zu lernen – in Büchern, auf Reisen, und am liebsten persönlich in unserem Land.

Jubiläum

Jubiläum

Irgendwann im Leben kippen die Dinge. Man schlägt Sahne – und plötzlich wird sie zu Butter. Man kommt in die Schule – und schon in der siebten Klasse hat man Mama, Krippe und Kindergarten zeitlich überflügelt. Man feiert Silberhochzeit – und siehe da, man ist schon länger verheiratet, als man ledig war.

Zu Ostern 2004 habe ich ein persönliches Jubiläum gefeiert: Es lag genau 20 Jahre zurück, dass ich mein allererstes bewusstes Gebet gesprochen habe. Den Wortlaut weiß ich noch wie heute. Es begann so:

„Gott, wenn es dich gibt ..."

Damals kniete ich vor meinem Bett, stockte immer wieder bei meiner Suche nach den richtigen Worten, war mir unsicher, kam mir auch irgendwie blöd vor – wäre jemand zur Tür hereingekommen, ich wäre wohl am liebsten im Erdboden versunken.

Beten, das war neu für mich. Ich war „getauft und weihnachtsevangelisch", das war man da, wo ich herkomme. Auch konfirmiert – das Geld brauchte man schließlich für ein Mofa. Aber Glauben? So richtig, wirklich, ehrlich, persönlich glauben? Das passte nicht zu mir und noch weniger zu meinem nun wahrlich nicht christlichen Lebensstil.

Doch dann hatte ich Christen in einer evangelischen Freikirche kennen gelernt. Diese Leute beteten und ihr Glaube überzeugte mich durch die Art, wie sie lebten. Und außerdem war ich in einer Lebenskrise. Was hatte ich zu verlieren?

Also versuchte ich es: „Gott wenn es dich gibt, dann ..."

Ich legte diesem Gott, an den ich eigentlich noch gar nicht glaubte, eine ganz konkrete Sache vor: „Wenn es dich gibt, dann hilf mir bei ..."

„Gott, wenn es dich gibt ..."

Angespannt lauschte ich in mein Zimmer. Würde Gott antworten? Es blieb still. Keine Stimme, kein Blitz, kein Zettel vom Himmel.

Doch – o Wunder – ein paar Tage später stellte ich fest, dass genau das, worum ich gebetet hatte, eingetreten war. Zufall? Für mich nicht. Irgendetwas in mir hatte Feuer gefangen für diesen Gott. Ein Feuer, das bis heute nicht erloschen ist. Gott antwortet auf Gebet – er teilt sich mit, er lebt! Was für eine Erfahrung.

20 Jahre war das nun her. Darin lag so viel: Höhen und Tiefen, Erfolge und Versagen, Glück und Schuld, fantastische Begegnungen und elende Enttäuschungen – auch von Christen bin ich enttäuscht worden, auch als Christ habe ich enttäuscht. Doch durch all diese Zeiten ist eines nie mehr gewichen, die Gewissheit: „Gott, dass es dich gibt."

Und nun lebe ich schon länger mit Gott, als ohne ihn. Wer hätte das gedacht?

Aber irgendwann im Leben kippt Gott die Dinge. Wenn Sahne zu Butter werden kann, um wie viel mehr kann ein Mensch, und wenn er noch so heruntergekommen ist, zum Beter werden, der an einen lebendigen Gott glaubt?

Du bist der Weg

Du bist der Weg,
Herr, ich will gehen,
folgen will ich, Jünger sein.
Schritt für Schritt
gehen mit dir.

Du bist das Licht,
Herr, ich will sehen,
suchen will ich, offen sein.
Blick für Blick
sehen wie du.

Du bist die Wahrheit,
Herr, ich will fragen,
warten will ich, Hörer sein.
Wort für Wort
lernen von dir.

Du bist das Leben,
Herr, ich will wagen,
atmen will ich, mutig sein.
Tag für Tag
leben mit dir.

Uwe Heimowski

Die nicht mehr verlassene Stadt

„Papa, wann kommen denn die vielen Menschen nach Gera?"

Melissa, meine Siebenjährige, fragt mich so unvermittelt, dass ich nur erstaunt zurück fragen kann: „Menschen? Was meinst du denn für Menschen?"

„Na, du hast doch gesagt, dass ganz viele Menschen nach Gera kommen. Aus anderen Ländern. Aus Amerika und aus Afrika ..."

Langsam dämmert es mir. Sie meint die Bundesgartenschau! Ich hatte ihr davon bei einem Spaziergang an der Elster erzählt. Ob ich nun gerade Afrikaner erwähnt hatte? Melissas Fantasie und ihre Begeisterung für fremde Kulturen werden wohl ihren Teil beigetragen haben.

Aber ich muss vergessen haben, das Datum zu erwähnen – auf jeden Fall ist sie jetzt enttäuscht, als ich ihr erkläre, dass die vielen Besucher erst bei der Buga 2007, also in mehr als drei Jahren, nach Gera kommen werden. So lange muss sie noch warten. Für sie ist das schließlich noch mal fast die Hälfte ihres ganzen bisherigen Lebens.

Doch ihre Enttäuschung wärt nicht lange. „Auf jeden Fall freue ich mich schon", sprudelt es bald aus ihr heraus, und sie hüpft auf einem Bein um mich herum.

Was für eine Hoffnung in diesem Kind: Es ist noch nicht – es dauert sogar noch ziemlich lange –, aber ich freue mich darauf. Wie anders erlebe ich viele Erwachsene in meiner Stadt und vielen anderen Städten in Ost und West. Die Buga, eine Konferenz, ein Sportereignis ist ja schön und gut, ein nettes kleines Zwischenhoch. Aber was wird dann? Man weiß es nicht, es dauert noch und es wird sowieso nichts.

In unserer Gemeinde beschäftigen wir uns seit einiger Zeit mit einem Bibelabschnitt aus dem Alten Testament: Jesaja 62. Dort findet sich eine unglaubliche Verheißung Gottes. Der Prophet Jesaja spricht den Menschen im zerstörten, verödeten Jerusalem zu: Du wirst „die Gesuchte" heißen, „die nicht mehr verlassene Stadt".

„Es ist noch nicht, aber ich freue mich darauf."

Was wäre, wenn diese Zusage auch für Gera gelten könnte? Für Magdeburg, Bautzen und Schwerin, für Flensburg ebenso wie für Saarlouis? Wie würde sich unser Empfinden verändern und unser Engagement? Was würden wir investieren, wenn nicht mehr dumpfe Niedergeschlagenheit, sondern aktive Hoffnung uns erfüllen würde?

Jerusalem war noch viel schlimmer dran als Gera oder eine andere deutsche Stadt im Jahr 2008. Die Feinde aus Assyrien hatten es in Flammen gesetzt, die Häuser geschliffen, die Menschen in die Verbannung geführt. Nur ein kleines Häufchen blieb als Rest zurück.

Jahrhunderte gingen ins Land, ohne dass sich die Verheißung erfüllte. Doch die Menschen erwarteten Gottes Zusage voller Hoffnung. Und endlich geschah es:

Die Stadt wurde wiederhergestellt, der Tempel erneut geweiht.

Um wie viel mehr kann dies für Gera gelten – und wenn es noch mal die Hälfte meines Lebens dauern sollte? Wie Melissa mich, so will ich meinen Vater im Himmel bestürmen, ungeduldig, aber voller Hoffnung: „Papa, wann kommen denn endlich die vielen Menschen nach Gera?"

Schützende Hände über der Stadt

Es kann die Stadt,
über die Hände gebreitet sind,
nicht verloren sein

Es braucht die Stadt,
die in bunten Farben erstrahlt,
nicht ohne Hoffnung sein

Es muss die Stadt,
Für die Christus gelitten hat,
Nicht im Leid erstarren

Es wird die Stadt,
Die unter dem Segen steht,
Im Leben erblühen

aus: Uwe Heimowski, *Schützende Hände über der Stadt – Ein meditativer Streifzug durch die Heimat*. Mit Illustrationen von Ute Rückert. Gera 2006

Nur Pastoren?

Nur Pastoren?

„Papa, dürfen eigentlich nur Pastoren das ‚Wort zum Sonntag' schreiben?"

Wir sitzen am Frühstückstisch, blättern in der Samstagsausgabe der *Ostthüringer Zeitung* und ich lese den Kindern den Beitrag eines Kollegen vor. Melissa hat die Frage gestellt und schaut mich nun erwartungsvoll an.

„Warum", antworte ich, „möchtest du auch mal?"

„Nein, natürlich nicht", stammelt sie schüchtern. Doch es ist zu merken: Eigentlich möchte sie schon.

Also frage ich nach: „Welches Wort würdest du denn nehmen als ‚Wort zum Sonntag'?" Melissa überlegt nicht lange. „Kreuz." Sie lächelt. „Kreuz, weil das Jesus bedeutet." Sie besinnt sich einen Moment. „Darf ich auch zwei?"

„Ja, bitte."

„Dann nehme ich noch Herz."

„Warum Herz?"

„Na, Herz für die Liebe."

Nun meldet sich Florian zu Wort. „Ich nehme hallo, für willkommen."

Ich hake nach: „Wo ist man denn willkommen?"

„In der Gemeinde, im Gottesdienst."

„Und wer ist willkommen?"

Florian strahlt: „Alle!"

Jetzt darf Talitha auch mal. Sie zögert. Die Großen flüstern ihr Vorschläge ins Ohr, doch sie lehnt alle ab. Schließlich hat sie es: „Auto."

Ich bin überrascht – Auto als „Wort zum Sonntag"? „Warum Auto, Talitha?"

Sie zuckt leichthin mit den Schultern. „Weil es mir gefällt."

Auch nicht schlecht. Unser Kreis ist fast fertig. Savina weiß noch kein Wort, aber ihre Lieblingsvokabel ist ohnehin „Mama".

„Was wünschen Sie sich und den anderen?"

Nun sind Sie an der Reihe. Was ist Ihr persönliches „Wort zum Sonntag"? Wie stellen Sie sich ein auf diesen Tag der Ruhe und Besinnung? Was wünschen Sie sich und den Menschen um Sie herum?

Die Worte der Kinder scheinen ja sehr zufällig, aber es ist erstaunlich, wie sie klingen, wenn man sie noch einmal zusammenfasst:

„Hallo, Sie alle sind herzlich willkommen
im Gottesdienst einer (Kirchen-)Gemeinde,
damit Ihr Herz die Liebe Gottes kennen lernt,
der am Kreuz für Sie gestorben ist.
Wenn es Ihnen gefällt, dürfen Sie gerne mit dem Auto kommen
und Ihre Mama mitbringen ..."

Bis Sonntag!

Parteiabzeichen

„Ist das dein Parteiabzeichen?"

Mein Gegenüber grinst und zeigt auf meinen Jacken-
aufschlag. Am Revers ist eine kleine Anstecknadel befes-
tigt: ein Kreuz. „Parteiabzeichen? Blödsinn." Wir lachen
beide, und das Thema ist erledigt.

Doch lässt mich die Situation nicht los, ich muss immer
wieder daran denken. Warum trage ich eigentlich dieses
Symbol?

Ist es ein Zeichen der Zugehörigkeit: Ich gehöre zur
Kirche – und damit zu einer Institution, also wiederum
doch auch irgendwie zu einer Partei? Ja, das ist es durchaus. Ist es ein Bekenntnis: Schaut her, ich bin Christ, es
gibt immer noch – auch im atheistischen Osten der Repu-
blik – ein paar davon? Ja, auch das ist es.

Doch das Kreuz, diese eine spezielle kleine Anstecknadel, bedeutet mir noch etwas ganz anderes, es hat seine
ganz eigene Geschichte:

Der Anstecker ist ein Geschenk. Vor ein paar Jahren
arbeitete ich bei der Heilsarmee in Hamburg. Eines der
sozialen Angebote der Heilsarmee war ein Tagestreff für
Menschen ohne festen Wohnsitz. Hier konnten sie etwas

zu essen oder saubere Kleidung bekommen, sie konnten einen Kaffee trinken oder einfach nur zusammen sein und reden oder spielen.

Eines Tages kam Bernhard in den Tagestreff. Er sah schlimm aus: Offene Geschwüre an den Beinen, ungewaschene Kleidung, verquollene Hände, ein aufgedunsenes rotes Gesicht. Wir kamen ins Gespräch, unsere Ärztin versorgte seine Wunden. Am Tag darauf kam Bernhard wieder, ebenso am folgenden Tag – bald war er Stammgast.

Nach und nach öffnete Bernhard sich und erzählte von seiner Alkoholsucht. Wir beteten miteinander. Nach einigen Wochen entschied er sich, in einer Klinik eine Entgiftung zu machen. Er brachte sie erfolgreich zu Ende, und als es gelang, ihm eine kleine *„Dankbar für Bernhards neues Leben."* Wohnung zu besorgen, den ersten festen Wohnsitz seit Jahren, blieb er wirklich trocken. Er schloss sich einer Selbsthilfegruppe an. So stabilisierte sich sein Leben, bald half er in der Kleiderausgabe anderen Menschen in ähnlichen Lebenssituationen.

Und eines Tages brachte er mir ein kleines Päckchen mit: „Danke, dass du mir geholfen hast." Darin lag die Anstecknadel.

Seither trage ich das kleine Kreuz. Voller Dankbarkeit darüber, dass Bernhard ein neues Leben angefangen hat. Und voller Dankbarkeit dem gegenüber, der an diesem Kreuz verblutet ist, damit selbst die Ärmsten der Armen eine Hoffnung finden können: Jesus Christus. Er gibt keinen Menschen verloren. Und er beauftragt uns, es ihm gleich zu tun.

In diesem Sinne ist meine Anstecknadel zwar kein Partei-, aber durchaus ein Parteilichkeitsabzeichen.

Stell dir vor, du betest ...

Neulich, vor ein paar Monaten, hatten wir in unserer Gemeinde am Mittwoch Abend einen Gebetsgottesdienst. Wir waren eine kleine Gruppe, saßen im Kreis zusammen, sangen Lieder und berichteten von unseren Anliegen. Wer ist krank? Wer braucht Hilfe? An wen sollen wir noch denken? Und dann beteten wir füreinander. Es tat gut.

An diesem Abend war ein Gast gekommen, der zum ersten Mal bei uns war. Er hatte schweigend in der Runde gesessen. Als wir den Gottesdienst gerade beenden wollten, ergriff er das Wort. „Zu wem habt ihr denn gebetet?", fragte er.

„Na, zu Gott", entgegnete ich. Sein Blick verunsicherte mich. „Oder was genau meinst du jetzt damit?"

Wie wir uns diesen Gott denn genau vorstellten, wollte er wissen.

Wir alle waren ein wenig überrascht von seiner Frage, und entsprechend schwer taten wir uns mit einer Antwort.

Ich flüchtete mich in eine Gegenfrage: „Wie ist es denn bei dir, was stellst du dir vor, wenn du an Gott denkst?"

Unser Gast war um eine Antwort nicht verlegen. Mit glänzendem Gesicht malte er uns ein Bild vor Augen. Er sprach von einem echten Gegenüber. Von einem Gott, der in die Geschicke der Menschen eingreifen könne, der sich für Schicksale interessiere. Ein Gott, der in der Lage ist, zu handeln. Ein lebendiger Gott. Minutenlang ging seine Rede.

Mich hat sie tief berührt. Ich finde es ansonsten nicht besonders erfreulich, wenn Besucher auftauchen, um andere Gemeinden mit den eigenen Erkenntnissen missionarisch zu „beglücken". Das gehört sich einfach nicht. Auch an diesem Abend blieb ein fader Beigeschmack.

„Ein Gott, der in der Lage ist, zu handeln. "

Und doch: In der Sache war ich angesprochen. Wirklich, die Leidenschaft und Erwartung unseres Besuchers hatte ich selber an diesem Abend nicht gehabt. Ich hatte gebetet, ja, aber direkt mit einer Antwort Gottes hatte ich – offen gestanden – nicht gerechnet. Gott hatte mir tatsächlich nicht real vor Augen gestanden. Jemand hat es mal so formuliert: „Stell dir vor, du betest – und Gott antwortet."

Eigentlich ist das doch eine Selbstverständlichkeit. Warum sollte ich beten, wenn ich *nicht* auch eine Antwort erwarte? Eigentlich ...

An diese Begegnung wurde ich erinnert, als ich jetzt eine E-Mail bekam. Darin stand: „Erzähl Gott nicht andauernd von deinen Problemen. Der kennt sie schon lange. Erzähl deinen Problemen endlich mal von Gott!"

Na klar, darum geht es eigentlich: Mit Gott rechnen. Trotz meiner Probleme will ich mit seinen Möglichkeiten rechnen.

Der vermeintliche Vorteil

Wochenendeinkauf im Supermarkt. Der Laden ist voll. Zwei lange Schlangen an den Kassen. Ich stehe noch etwas unentschieden, eher auf der rechten Seite, doch die linke Reihe ist um zwei Wagen kürzer. Also manövriere ich meinen Einkaufswagen hinüber. Ein Klingeln ertönt, die Verkäuferinnen erbitten Verstärkung. Dann wird eine weitere Kasse geöffnet – ganz rechts. Die Schlange neben mir teilt sich, und dann kommen alle vor mir dran. Auch die, die sich erst nach mir angestellt haben. Ein Grummeln macht sich in mir breit. Das Ehepaar vor mir beginnt flüsternd, aber heftig gestikulierend, zu lamentieren.

Ein Freund von mir nennt dieses Phänomen „den vermeintlichen Vorteil". Wir Menschen sind häufig so eingestellt, dass wir einerseits unseren eigenen Vorteil suchen (siehe mein Umschwenken in die linke Schlange) und andererseits den anderen unterstellen, dass stets sie den tatsächlichen Vorteil hätten (siehe die zusätzliche Kasse).

Es ist immer das gleiche: Im Stau ist jedes Mal die andere Spur schneller. Im Urlaub haben stets die anderen das bessere Wetter. Am Arbeitspatz haben es dauernd die Kollegen leichter, werden andere schneller befördert oder mit Vergünstigungen bedacht.

In einem weiteren Horizont gesehen: Wir hier im Osten Deutschlands beklagen den Arbeitsmarktvorteil im Westen, die Menschen „drüben" ärgern sich über die Kosten für den Aufbau Ost – immer sind es die anderen, die den „vermeintlichen Vorteil" haben.

Aber was ist Realität? Wie sieht es tatsächlich aus? Ist der Vorteil *wirklich* ein Vorteil, oder eben nur ein *vermeintlicher,* wie mein Freund formulierte? Das große jüdische Weisheitsbuch, der Talmud, lehrt uns den Satz: „Wenn nicht ich, wer sonst? Wenn nicht jetzt, wann dann?"

„Wenn nicht ich, wer sonst? Wann, wenn nicht jetzt?"

Wer immer nur auf die anderen schielt, kommt nicht weiter. Kennen wir „die anderen" denn wirklich? Wissen wir, wie es ihnen geht, wie viel Nachteile sie gestern hatten oder morgen haben werden, auch wenn sie heute im Vorteil sind? Jeder hat irgendwo sein Päckchen zu tragen, jeder seinen Weg zu gehen. Wer genau hinschaut, entdeckt: Im Leben ist auf lange Sicht keiner im Vorteil, was die Chancen betrifft.

Was die Umsetzung dieser Chancen angeht, unterscheiden wir uns allerdings. Die einen klagen, die anderen packen das Leben an. Und nur wer etwas tut, wird auch etwas erreichen. Das Hartz-IV-Gesetz wurde bereits nach kurzer Zeit überarbeitet. Warum? Weil tausende Menschen nicht beim Klagen stehen geblieben sind. Sie sind auf die Straße gegangen und haben ihr demokratisches Recht wahrgenommen.

Zwar haben sich Links-Populisten darunter gemischt und den historischen Begriff „Montagsdemonstrationen" für ihre politischen Zwecke instrumentalisiert – ein äußerst bedenklicher Umgang mit der weltgeschichtlich einmaligen Situation von 1989. Doch das ermutigende Zeichen bleibt: Wenn wir uns aufmachen, können wir etwas bewegen.

Der Talmud, geprägt von tiefer Menschenkenntnis und aufrichtiger Gottesfurcht, macht mir Mut, mein Teil zu wählen, heute zu leben und zu handeln. Den vermeintlichen Vorteil will ich den anderen gerne gönnen. Denn auch ich habe meine Gelegenheiten. Sei es im Großen der Gesellschaft, oder im Kleinen an der Supermarkt-Kasse.

Durchleuchtet

Durchleuchtet

Man lernt nie aus, und manchmal auch noch etwas dazu. Wissen Sie, was eine Szintigraphie ist? Nein? Nun, da sind Sie nicht alleine, ich wusste es auch nicht. Bis Dienstag jedenfalls.

Um einige Ablagerungen an meinem Skelett genauer untersuchen zu lassen (nichts Großes, Überbeine an Fußrücken und Schienbein, aber man weiß ja nie ...), schickte mich der Orthopäde zum Radiologen, zur Szintigraphie. Bei dieser nuklearmedizinischen Untersuchung über den Aktivitätszustand verschiedener Gewebe wurde mir zunächst ein radioaktives Mittel gespritzt. Dann durfte ich zwei Stunden spazieren gehen und musste viel trinken. Anschließend wurde ich in eine lange Röhre geschoben und von Kopf bis Fuß durchleuchtet.

Noch habe ich keinen Befund, doch eins ist klar: Jede Delle, jede Macke, jede Verformung an meinem Knochenapparat ist erfasst worden und wird ausgewertet, beobachtet und – falls nötig – behandelt.

Ein komisches Gefühl, wenn man so durchleuchtet wird. Da sehe ich plötzlich meine Knochen und Gelenke. Jeden Tag tragen sie mich, und ich kenne sie gar nicht. Etwas mulmig ist mir schon auch wegen der Befunde. Ob am Ende alles in Ordnung ist?

Aber ich vertraue meinem Arzt. Der wird etwas damit anzufangen wissen und dann Entwarnung geben oder eben die entsprechende Behandlung beginnen. Der versteht nämlich etwas davon, er ist vom Fach.

Als ich da so auf der Pritsche lag und durch die Röhre fuhr, musste ich unwillkürlich an einen Vers aus den Psalmen denken: *Durchforsche mich, o Gott, und sieh mir ins Herz, prüfe meine Gedanken und Gefühle! Sieh, ob ich in Gefahr bin, dir untreu zu werden, dann hol mich zurück auf den Weg, der zum ewigen Leben führt!* (Psalm 139, 23 und 24)

„Wer kennt die Schrammen unserer Seele?"

Hier geht es auch um eine Art Szintigraphie. Nur geht es nicht um die Knochen, sondern um das Herz des Beters. Und es geht auch nicht um einen kardiologischen Befund, sondern um die Motive, die Absichten, das Wesen, ja, man könnte sagen, die Seele des Psalmisten.

Wer kennt sich da schon aus? Wer kennt die Schrammen, die Dellen, die Macken, die Narben unserer Seele? Wer versteht, wie eng da drinnen in uns zarte Regungen und harte Bewegungen beieinander liegen? Wer kann begreifen, wie leicht wir verletzlich sind und wie schnell wir verletzen? Wer kennt unsere Träume, unsere Hoffnungen ebenso wie unsere Enttäuschungen und Resignation? Wer kennt unser Leben, inklusive unserer Untreue?

Der Psalmbeter sagt, dass Gott sie kennt. Gott erforscht mich, auch ohne radioaktive Spritze und Röntgenstrahlung. Er sieht tief in mich hinein. Das kann befremden, ja es kann sogar erschrecken. Der weiß das alles? Wirklich alles? Meine Macken und Zicken, meine Schrullen und Abgründe? Ja, er weiß es. Aber er klagt mich nicht an, macht mir nicht Angst. Sondern er „behandelt" mich. Er heilt und er vergibt. Ebenso kennt Gott meine Hoffnungen und Träume. Und auch mit ihnen hat er ein Ziel: Er leitet mich auf „den Weg, der zum ewigen Leben führt".

Auch wenn es mal weh tut, Gott versteht etwas davon: von der Seele und von der Ewigkeit. Er ist vom Fach, er hat beide geschaffen.

Sie haben das noch nie erlebt? Nun, man lernt schließlich nie aus ...

Ritter, Räuber
– und Retter

Es war noch bei all unseren Kindern so: Mit drei Jahren hatten sie ihre „Gespenster-Phase".

Nun war Talitha eben drei geworden. Und prompt geschah es. Nachts hören wir ein Rumpeln im Wohnzimmer, schrecken auf und finden unser verwirrtes Mädchen durch die Dunkelheit tappen.

„Papa", murmelt sie verschlafen, „da ist ein Ritter in meinem Zimmer."

Ich nehme sie auf den Arm, bringe sie zurück ans Bettchen, mache Licht und verscheuche mit großer Geste alle Ritter, Hexen, Gespenster und Klabautermänner – und was mir sonst noch alles einfällt – aus ihrem Zimmer. Sie schläft ein, Papa wälzt sich eine halbe Stunde im Bett. Kaum bin ich wieder eingeschlafen, rumpelt es schon wieder im Wohnzimmer.

„Papa, da ist ein Räuber", berichtet Talitha zitternd.

Diesmal schläft sie bei mir. Eng angekuschelt, geht alles gut.

Als ich Talitha am nächsten Abend ins Bett bringe, hat sie Angst vor der Nacht. „Und wenn ein Gespenst kommt?"

Ich beruhige sie. „Gott ist stärker als alle Gespenster. Dir kann nichts passieren." Ich bete mit ihr, wie jeden Abend. Doch heute entspannt sich ihre Miene nicht. Mein Trost war offenbar kein Trost. Sie sagt zwar nichts, aber ich kann es sehen: Die Angst steht ihr immer noch ins Gesicht geschrieben.

„Aber Talitha", tröste ich sie, „ich bin doch bei dir."

Jetzt strahlt sie mich an. Das war die Hilfe, die sie brauchte, der Retter, den sie suchte: kein ferner, unsichtbarer Gott, den sie nachts nicht erkennen kann, sondern ein naher, greif- und spürbarer Papa.

„Was bist du für ein Theologe!"

„Was bist du für ein Theologe!" denke ich. Man sollte Gott schließlich nicht Sachen in die Schuhe schieben, für die man selbst verantwortlich ist.

Ich will aufstehen und gehen. Doch Talitha hält mich zurück.

„Papa, schläfst du nicht?" Erneut ziehen sich Sorgenfalten durch das Kindergesicht.

„Doch, ich bin doch auch müde."

„Und wer passt dann auf Talitha auf?", will sie wissen.

Die Frage überrascht und überfordert mich. Verwirrt stammele ich irgendwas und sage schließlich: „Also ... dann ... dann passt Gott auf dich auf."

Schon wieder die gleiche Antwort – ich könnte mich in den Hintern beißen. Doch was geschieht? Talitha strahlt, flötet ein „gute Nacht" und schließt beruhigt die Augen.

Kinder sind einfach klasse! Das ist die nächste Lektion in Theologie. Man sollte Gott nicht als Alibi missbrauchen für die Dinge, die man selber tun kann – das war der erste Teil.

Aber ist nicht jeder Papa einmal müde? Braucht nicht jeder Retter irgendwann selbst Hilfe? Ist nicht auch der Stärkste auf Beistand angewiesen? Wer kann schon immer und überall sein?

Und genau hier, an unseren Grenzen, brauchen wir Gott. „Die Starken brauchen keinen Arzt", sagt Jesus Christus, „sondern die Schwachen." Ihm will ich vertrauen. So, wie Talitha es mir vorgemacht hat – nicht nur im Gespenster-Alter, sondern auch noch als „starker Papa".

Regenzeit

Regenzeit

Es war im Juni: Ich saß nach getaner Arbeit in unserem Garten, legte die Füße hoch und genoss den herrlich milden Abend. Von den Nachbargärten zog der Duft brennender Roste herüber, wie wir Thüringer unsere Holzkohlegrills nennen, Vögel boten Kunstflüge dar und trällerten verliebte Melodien, Kinderlachen lag in der Luft. Sommer, endlich Sommer!

Ich lehnte mich tief in den Gartenstuhl und ließ meinen Blick durch den grünen Hinterhof schweifen, vorüber an wuchernden Ranken und vollen Rispen. Am Rosenstock blieben meine Augen hängen. Vor gut einem Jahr erst hatten wir ihn gepflanzt. Nun war er mannshoch aufgeschossen und trug schwere, volle, wunderbar duftende Blüten in weichem Prinzessinnenrosa. Herrlich! Wie schnell das ging.

Ich drückte mich noch tiefer in den Gartenstuhl und schloss die Augen. Die Abendsonne malte orange Schlieren innen in meine Lider, ich hing meinen Gedanken nach.

Es war unser zweiter Sommer im neu gestalteten Garten. Im Jahr davor sah hier alles ganz anders aus: Eine Staubschicht lag auf dem verkümmerten, gelblichen Rasen, ein paar mickrige Früchte hingen an den Stängeln der Beerenbüsche, braune Blätter klebten an den Bäumen, nahmen den Herbst vorweg und drückten aufs Gemüt. Alles war versengt. Nichts war zu ahnen von der grünen Oase, die mir heute diesen schönen Abend bescherte.

Was war geschehen? Was war dieses Jahr anders als im Jahr davor? Die Erklärung ist ganz einfach: Es hatte mehr geregnet.

Wie hatte ich mich über den kalten April und den verregneten Mai geärgert! Das war nicht das, was meine Seele zu dieser Jahreszeit gebraucht hatte. Ätzend fand ich den Regen, trostlos, ärgerlich, blöd. Nach dem Winter endlich aufatmen, darauf war ich eingestellt. Sonne tanken, Farbe kriegen, Luft schnappen. So wie im Jahr davor, als die Temperaturen einen Rekord nach dem anderen knackten.

„Der Wohlgeruch eines gereiften Lebens."

Doch nun sah ich den Rosenstock. Diese Pracht, diese Blüten, die sich verschwendeten in ihrer Fülle und Schönheit. Und plötzlich wurde ich dankbar. Ohne den Regen hätte es sie nicht gegeben. Nicht den Efeu, nicht den Hibiskus, nicht die Himbeeren, die Erdbeeren, die Kirschen. Es sind die Regenzeiten, die grünen lassen und Früchte hervorbringen.

Nun gibt es nicht nur Rosenblüten und Gartenfrüchte. Auch unser Leben trägt die Möglichkeit in sich, brach zu liegen oder aber zu blühen und Frucht zu tragen. Paulus schreibt: *Dagegen bringt der Geist Gottes in unserem Leben nur Gutes hervor: Liebe und Freude, Frieden und Geduld, Freundlichkeit, Güte und Treue, Besonnenheit und Selbstbeherrschung* (Galater 5,22/23 a). Ich bewundere und genieße die Gegenwart von Menschen, die solche Eigenschaften besitzen. Und wie gerne möchte ich ein solcher Mensch werden.

Doch, und das lehrt mich mein Rosenstock, ohne Unwetter und Regenzeiten wächst man nicht. Wer ein blühendes, fruchtbares Leben führen will, der hält durch auch im Ärger, bleibt dran auch in Zeiten der Mutlosigkeit und nimmt sie rückblickend dankbar aus Gottes Hand. Und genießt dann den Wohlgeruch, den ein gereiftes Leben verströmt.

Die Trainer und
die Bambini

„Beten? Bringt doch nichts. Bei sechs Milliarden Menschen kann Gott sein Ohr ja nicht überall gleichzeitig haben." Mein Gegenüber winkt resigniert ab.

Seine Bemerkung geht mir noch lange durch den Kopf. Wie kann man sich das vorstellen, dass Gott alle Menschen gleichzeitig hört? Natürlich, man kann sich philosophisch um eine Antwort bemühen und zur Begründung wirklichkeitstheoretisch vorgehen: Gott ist Geist, also nicht Materie in unserem Sinne und unterliegt darum auch nicht irgendeiner materiellen Beschränkung. Geist ist nicht an unsere Dimensionen, nicht an Raum und Zeit gebunden. Er durchbricht diese Ebenen, er transzendiert (so der Fachterminus) unsere Wirklichkeit und kann folglich überall zugleich sein.

Aber, mal ehrlich, lädt diese Erklärung zum Beten ein? Denn darum ging es meinem Gegenüber. Nicht um Theorie, sondern um Praxis.

Warum soll ein Mensch beten? Kann Gott jeden Menschen hören? Mir persönlich helfen in Glaubensfragen eher einfache Bilder als theoretische Erklärungen. Neulich ist mir so ein Bild begegnet. Weit hergeholt? Vielleicht, aber mir hat es geholfen.

Unser Sohn Florian, fünf, geht jeden Donnerstag in die „Ossel", die Ostvorstädtische Turnhalle in Gera. Um 16.30 Uhr treffen sich dort die Bambini zum Kicken.

Das ist ein Gewusel, kann ich Ihnen sagen! Wenn die kleinen Knirpse die großen Fußbälle durch die Halle bolzen, wild hinterher stürzen und dabei Kopf und Kragen riskieren – da läuft was. Hier haut sich einer das Knie an, da findet einer seinen Ball nicht wieder, dort schubsen sich zwei, dahinten muss einer aufs Klo. Jeder hat dauernd irgendwas. Und nebenbei wollen alle auch irgendwie Fußball spielen ...

Und – o Wunder – das gelingt auch jedes Mal. Denn da sind schließlich Herr Schröder und der Mario, der Trainer und sein Assistent.

„Die Trainer haben ein Auge für jeden Einzelnen."

Sie sollten das mal erleben: Das wilde Dutzend krakeelt und heult, dribbelt und stolpert, foult und flankt quer durcheinander. Doch die Trainer geben Anweisungen, haben für diesen einen Tipp und für jenen ein offenes Ohr. Sie lassen den einen noch mal üben, den Ball zu stoppen, und erklären dem anderen, wie er besser zielt. Sie leiten den Torwart an und trainieren gleichzeitig die Stürmer – und schließlich spielen alle zusammen.

„Trainieren? Bringt nichts, die Trainer können ja nicht alle gleichzeitig sehen." Könnte man so sagen, nicht wahr? Stimmt aber nicht. Die Trainer kriegen das hin. Mitten im wildesten Gewusel haben sie ein Auge für jeden Einzelnen.

„Um wie viel mehr", dachte ich stolzer Papa auf dem Zuschauerplatz, der selber nur einen Blick für seinen Florian hatte, den aber das Trainergespann faszinierte, „um wie viel mehr wird Gott in der Lage sein, mich und meine Gebete zu hören, auch wenn ich nur einer von vielen bin in diesem Gewimmel auf der Erde?"

Du springst

An der Hand
Auf der Mauer
Zweieinhalb mal höher
Als du
Ein kurzer Blick
Ein Jauchzen
Ein Sprung
In meine Arme
Die dich fest umschließen
Geborgenheit
Glaube
Glücklich

Uwe Heimowski

Wertvoll

Wertvoll

Nun wurde ich also 40. Nicht ungewöhnlich, klar. Die meisten Menschen werden irgendwann 40. Aber es war doch ein Knick. Ich machte auf cool. Mal hier ein Späßchen („alter Knacker"), mal dort eine Koketterie („Midlife Crisis"), und doch war irgendwo tief drinnen die selbstkritische Frage: Wie lief dein Leben bisher? Was hast du draus gemacht? Was hast du erreicht?

Welchen Geburtstag hatten Sie in diesem Jahr bzw. welchen feiern Sie demnächst? Den 18., 25., 30., 50. oder vielleicht den 75.? Sind Sie begeistert oder verzweifelt? Ist es ein Ehrentag oder stecken Sie in einer Krise?

In meinen Gefühlen zum 40. begleitete mich wochenlang ein Lied von Martin Pepper. Ein Lied, bei dem der Autor versucht, die Perspektive Gottes einzunehmen und Gottes Sicht von uns Menschen zu beschreiben. Es hat mich tief berührt und ermutigt. Möge es auch Ihr Geburtstagshymnus werden:

Wertvoll / Mein Kind, aus Liebe

Mein Kind, aus Liebe sehe ich nichts,
was hässlich an dir sein soll,
kein Sand im Getriebe, kein Schatten im Licht,
für mich bist du einfach wertvoll.
Dein eigener Zweifel an deinem Wert
entspricht nicht der Wirklichkeit,
deine Würde zu achten, ist nicht verkehrt,
in dir steckt meine Herrlichkeit.

Ich seh deinen Wert, dein wirkliches Wesen,
das, was dich ehrt, kann ich in dir lesen.
Ich kenne dein Herz, was auch geschieht,
ich bin der Herr, der dich sieht.

Nicht dass du über den anderen stehst,
du bist von Natur aus schwach.
Doch gab ich mein Leben, damit du lebst,
ich trug dein Versagen, deine Schmach.
Das Dunkel wird durch mich zum hellen Licht,
erhebe dich aus dem Staub
und leb dein Leben in Zuversicht,
weil ich an deine Bedeutung glaub.

Ich hab dich in meine Hände gezeichnet,
dein Leben ist stets vor mir.
Ich hab jedes Haar auf deinem Haupt gezählt
und weiß wirklich alles von dir.

Text & Musik: Martin Pepper
© 2000 mc-peppersongs, Berlin

Zwischen den Wahlsonntagen

Nach der Wahl ist vor der Wahl.

Wie erwartet, kam es in Gera zur Stichwahl um das Amt des Oberbürgermeisters. Zwei Bewerber waren ausgeschieden: der schillernde und umstrittene, vorbestrafte Sohn des ehemaligen SED-Parteisekretärs klar und deutlich, der engagierte CDU-Kandidat knapp. So blieben mit dem parteilosen Amtsinhaber und dem erfolgreichen Vorstand der Geraer Verkehrsbetriebe zwei gestandene Männer als Kandidaten übrig.

Wen von diesen sollten Christen wählen? Darf man überhaupt so fragen? Und gar noch eine Wahlempfehlung aussprechen?

Ich möchte es tun. Eine dreifache Wahlempfehlung: 1. Christen sollten ihre Verantwortung wahrnehmen, indem sie wählen gehen; 2. Christen sollten ideologiefrei wählen, nicht nach Lager oder Sympathie, sondern danach, wen sie für kompetent halten, ihre Stadt zu führen; und 3. Christen sollten nach der Wahl – egal wie diese ausgeht – nicht meckern, sondern das demokratische Ergebnis akzeptieren. Ein Berlusconi-Syndrom (die Niederlage nicht eingestehen und langwierig juristisch anfechten) können unsere Städte nun wirklich nicht gebrauchen ...

In der Bibel lesen wir die Aufforderung: *Bemüht euch um das Wohl der Stadt ... und betet für sie. Wenn es ihr gut geht, wird es auch euch gut gehen* (Jeremia, 29,7). Das ist ein klarer und deutlicher Auftrag an die Menschen, die sich an der Bibel orientieren. Ein Auftrag mit einer „weltlichen" und einer „geistlichen" Dimension.

Die *weltliche Dimension* heißt: Wir sollen etwas tun zum Wohle der Stadt, in der wir leben. Sich um das Wohl der Stadt zu bemühen, heißt engagiert und tatkräftig mitzumachen.

„Meckern und motzen", so hörte ich neulich in einer Predigt, „ist der Stuhlgang der Seele. Auch die Seele muss sich mal entleeren, aber wessen Leben besteht nur aus Stuhlgang ...?!" „Wer meine Worte hört *und danach handelt,* der ist klug", sagt Jesus Christus in der Bergpredigt. „Man kann ihn mit einem Mann vergleichen, der sein Haus auf felsigen Grund baut" (Matthäus 7,24). Also, lasst uns mittun.

> „Bemüht euch um das Wohl der Stadt und betet für sie."

Die *geistliche Dimension* ist das Gebet. Wer beten kann, soll dies stellvertretend für alle anderen mit tun. Beter bewegen den Arm Gottes. Sie tun dies nicht nur für sich, sondern für die ganze Stadt. Weil Gott ein guter Gott ist, liegt ihm das Wohlergehen der Menschen auf dem Herzen. Aller Menschen, der Christen und der Nichtchristen.

Unser Engagement oder gar unser Aktivismus alleine werden nicht ausreichen, das Beste für die Stadt zu bewirken. Es bedarf einer veränderten Atmosphäre, einer veränderten Wahrnehmung, wir brauchen ein „Ja zu Gera" oder wie immer unsere Heimatstadt heißen mag. Gott kann das schenken, Beter können es bewirken.

Wir haben die Wahl. Die Wahl zwischen zwei Kandidaten. Und die Wahl, Ja zu sagen zu unserem biblischen Auftrag: uns um das Wohl dieser Stadt bemühen.

Montagsauto

Montagsauto

Kennen Sie den? Warum grüßen sich zwei ...-Fahrer (hier müsste eine gewisse italienische Automarke mit vier Buchstaben stehen) nicht, wenn sie sich am Vormittag in der Stadt treffen? Weil sie sich morgens schon in der Autowerkstatt gesehen haben ...

Ach, wenn es doch nur ein Witz wäre. Wir haben ein – wie man so sagt – Montagsauto erwischt. Vor gut zwei Jahren gekauft, war es das neueste und teuerste Auto, das wir uns bis dahin geleistet haben. Gut, sieben Jahre war es alt, das ist schon was. Und 7000 Euro für einen Van mit sieben Sitzen sind vielleicht nicht viel, aber für uns war es ein Wagnis.

Ein Risiko – und es ging schief. Kühler, Kupplung, Zylinderkopfdichtung, Elektronik und, und, und ... Ich wusste gar nicht, wie viele Einzelteile ein Auto hat. Der KFZ-Meister unserer Werkstatt wird langsam zum Duz-Freund.

Wir haben es mal durchgerechnet: 500 Euro pro Monat hat uns dieses Auto bisher gekostet. Damit könnte man ebenso gut einen Neuwagen finanzieren. Doch wir haben es nicht gemacht. Seit 27 Monaten ärgern wir uns, doch vor der letzten Konsequenz schrecken wir zurück.

Statt das Auto endlich abzugeben, fahren wir weiterhin regelmäßig in die Werkstatt. Warum eigentlich? Wir denken: Aber jetzt müsste es doch funktionieren. Wir haben immerhin schon so viel rein gesteckt. Und wer weiß, was wir als nächstes bekommen? So denken wir, bleiben beim Alten – und ärgern uns. Zwar verständlich, aber irgendwie dumm.

Aber wissen Sie, was noch schlimmer, nein: noch trauriger ist? Als Seelsorger treffe ich oft auf Menschen, die sich persönlich so fühlen wie wir mit unserem Montagsauto. Alles *„Seit 27* geht schief. Sie rappeln sich auf, fassen gute *Monaten* Vorsätze, und fallen doch wieder hin. Nicht *ärgern wir* mehr trinken, nicht mehr streiten, nicht verzweifeln angesichts der wirtschaftlichen *uns ..."* Lage, endlich mal was durchhalten und so weiter lauten die Vorsätze. Wieder wird investiert, versucht, geflickt, doch es nützt nichts: Es hält nicht.

Nun spricht die Bibel von einem Neuanfang, sie sagt, dass neues, anderes, ewiges Leben möglich ist: „Sieh, ich schaffe alles neu!", sagt Jesus Christus (Offenbarung 21,5). Eine wunderbare Verheißung. Hier gibt es also eine Option, aus dem Trott heraus zu kommen: das alte Leben abgeben, und mit Gott ein neues beginnen.

Doch sofort melden sich unsere Bedenken: Vielleicht schaffe ich es diesmal. Irgendwie ging es doch immer. Glauben, das ist mir zu riskant. Wer weiß, was das so ist, mit diesem Gott. So denken wir, bleiben beim Alten – und ärgern uns. Auch verständlich, aber auch irgendwie dumm.

Wir haben uns am Montag (man höre ...) ein neues Auto bestellt. Uns hat es gereicht, jetzt haben wir es gewagt. Wird es besser? Wir wissen es noch nicht. Aber schon jetzt fühlen wir uns besser.

Was ist Ihr „Montagsauto"? Wo ist das Alte, Kaputte in Ihrem Leben, von dem Sie sich endlich trennen müssten? Ich mache Ihnen Mut, mit Jesus Christus neu anzufangen.

Der Pilz am Weg

War sie zwei? Oder drei? Ich weiß es nicht mehr so genau. Sie war ein kleines Mädchen. Mein Patenkind. Sie wohnte in Hessen, ich in Hamburg. So sahen wir uns nur selten. Nun war ich zu Besuch gekommen und wurde gleich voll in Beschlag genommen: vorlesen, erzählen, spielen, toben – Miriam hatte eine Idee nach der anderen.

Ein Spaziergang sollte das nächste sein. Gleich hinter dem Haus gab es einen Feldweg, dorthin sollte es gehen. Ich schulterte die Kleine und trabte fröhlich wiehernd los. Lachend gab sie dem Patenonkelpferd die Sporen. Nach einer Weile wollte sie aber doch lieber absteigen.

Nun gut, wir liefen. Besser gesagt: Wir standen mehr, als dass wir liefen. Mit Miriam an meiner Hand wollte *ich* das Tempo angeben – denkste! Nach zwei Schritten sah sie einen bunten Stein, den sie befühlen wollte. Nach den nächsten vier Schritten weckte eine Pusteblume ihr Interesse. Nach weiteren fünf Schritten entdeckte sie einen Pilz am Wegesrand.

Allmählich ärgerte ich mich. Meine Gangart ist schnell, ich will vorwärts kommen. Pausen nerven mich. Miriam nervte mich. Gerade wollte ich ein scharfes: „Jetzt komm doch endlich!" zischen, da streckte mir ihre zarte Kinderhand diesen Pilz entgegen.

Miriams Augen leuchteten. „Schau mal, da unten."
Sie zeigte auf die feinen weißen Lamellen, die unter dem
schuppigen Schirm wunderbar gleichmäßig angeordnet
waren. Ich hatte sie noch nie gesehen.

Mir ging ein Stich durchs Herz. Gott schien mir zu
sagen: „Mensch, Uwe, was ist los mit dir? Du rennst
durch das Leben, meistens sogar noch in christlichem
Engagement, aber bei allem Gerenne hast du gar keine
Augen für meine gute Schöpfung – und auch nicht für
mich selbst. Halt an, Uwe, geh langsam,
und werde wie ein Kind."

*„Mensch, Uwe,
was ist los: Du
rennst durch
das Leben ..."*

Diese Begebenheit liegt nun schon einige
Jahre zurück. Heute habe ich selber vier
kleine Kinder. Aber wie oft muss ich an
Miriams kleine Kinderhand mit dem Pilz
zurückdenken! Immer dann, wenn ich
meine eigenen Kinder überfordere (und wie schnell geht
das ...), steht sie mir mahnend vor Augen: *Lass ihnen die
Zeit, die sie brauchen. Sei geduldig!*

Auch bei Gelegenheiten, wo ich mich so richtig gut,
erwachsen und wissend fühle, meldet sich das Bild vom
Pilz in der Kinderhand. Es erinnert mich daran, wie viel
es noch zu sehen und zu lernen gibt auf dieser Welt, in
diesem Leben, und wie nötig ich es habe, mir das immer
wieder mal auch einzugestehen. Das relativiert, es macht
demütig. Eine unbequeme, aber gute Schule.

Und noch eines lehrte mich diese Begebenheit und
lehren mich die vielen ähnlichen, alltäglichen Erfahrungen mit meinen eigenen Kindern: Wie gut, dass mein
himmlischer Vater sich immer wieder auf mein Tempo
einlässt, dass er auf mich wartet, mich lehrt und leitet.
Weil er mich liebt.

Zweifeln und Staunen

„Wie viele Engel passen auf eine Stecknadelspitze?"
Haben Sie sich das schon einmal gefragt? Nein? Nun,
ich auch nicht. Doch es gab eine Zeit, in der tatsächlich
ausgedehnte wissenschaftliche Debatten zu dieser Frage
geführt wurden. Und zwar in der Blütezeit der scholasti-
schen Theologie des Mittelalters.

Wie kam man dazu, in solcher Art zu debattieren?
Eigentlich war es ganz nahe liegend: Man glaubte an
Engel. Und man glaubte, dass man die Welt erforschen
könnte. Und wenn nun Engel ganz real, anfassbar um uns
her sind, dann müssen sie auch eine räumliche Ausdeh-
nung haben, dachte man. Doch man sieht, spürt, berührt
sie nicht. Also müssen sie klein sein, sehr klein. Und
damit sind wir bei der Ausgangsfrage ...

Warum erzähle ich das? Weil mich seit einiger Zeit die
Aussage „Zweifeln und Staunen" fasziniert. So lautete
im Jahr 2006 das Motto der europaweiten „ProChrist"-
Veranstaltung. Vorbote in Gera waren sieben kleine
Smart-Autos, die mit der Aufschrift „Die kleinste Kirche
der Welt" durch unsere Stadt fuhren und Menschen zum
Einsteigen und einer kostenlosen Taxifahrt einluden.

Zweifeln – dabei denke ich an mein Studium. Der sogenannte „wissenschaftliche Zweifel" war eine Methode, die uns Theologen schon im Grundstudium beigebracht wurde. Wir sollten Texten nicht einfach vertrauen, sondern sie kritisch sehen, hinterfragen und analysieren. Auch die Bibel. Zweifel hieß hier: nichts so stehen lassen, wie es war. Die Bibelgeschichten von ihrem „mythologischen Hintergrund" befreien, lautete das Ziel. Da blieb nicht viel übrig. Diese Art von Zweifel ließ für das Staunen – und für den Glauben – keinen Platz.

Staunen – dabei denke ich an die Geburt unserer Kinder, an das Erwachen des Frühlings, an die Struktur eines Schneekristalls. Ich denke an Ereignisse, Dinge, Erlebnisse, die mich mit offenem Mund dankbar und demütig werden lassen. Staunen heißt hier: begeistert sein davon, dass dieses Leben mehr ist, als ich begreifen und verstehen kann. Staunen heißt, etwas von Gottes Geheimnissen zu ahnen.

> „*Ist das Staunen nicht in uns angelegt?*"

Zweifeln und Staunen, wissenschaftliches Forschen und demütiges Glauben – das ging für die Menschen des Mittelalters Hand in Hand. Auch wenn Fragen nach Engeln auf Nadelspitzen uns heute befremden, so ist doch das Ineinander von Wissenschaft und Glauben faszinierend. Für uns aufgeklärte Menschen tun sich hier Gegensätze auf.

Warum eigentlich? Ist nicht beides zutiefst menschlich? Sind nicht Zweifel etwas, das jeder von uns kennt? Und ist das Staunen nicht in unseren Herzen angelegt?

Und manchmal sind es gerade die Zweifler, die zu Staunenden werden – wenn sie ihre Fragen wirklich stellen und tatsächlich Antworten erhalten. Nicht unbedingt auf die Eingangsfrage: „Wie viele Engel passen auf eine Stecknadelspitze?"

Aber vielleicht auf diese Frage: „Wie passt der ewige Gott in mein menschliches Herz?" Ich bin sicher, wer ehrlich eine Antwort darauf sucht, der wird sie auch finden.

Jesus? Jesus!

Wer war das eigentlich, dieser Jesus? Wohl kaum eine Frage wird so unterschiedlich beantwortet wie diese. Ein guter Mensch, der sich um die Verachteten seiner Zeit gekümmert hat, sagen die einen. Ein Wundertäter, der Blinde sehend, Lahme gehend und Aussätzige gesund gemacht hat, sagen die anderen. Für manche ist Jesus ein Prophet, ein Heiliger, ein Wohltäter. Es gibt Menschen, die halten ihn für einen Revolutionär, einen frühen Che Guevara. Andere sehen ihn vor allem als Pazifist, einen vorweg genommenen Mahatma Gandhi. Oder einen Guru, eine Art jüdischen Buddha. Wieder andere werfen ihm vor, ein Scharlatan gewesen zu sein, ein Hochstapler, ein Betrüger, bestenfalls ein Verrückter.

Jesus? Der Antworten, Meinungen, Ideen, auch der Vereinnahmungen aus jeder möglichen und unmöglichen Ecke ist kein Ende. Bilder, Beschreibungen, Etiketten, Lebensweisen und Charaktereigenschaften, wie sie unterschiedlicher und gegensätzlicher nicht sein könnten, werden ihm zugeschrieben.

Was davon aber stimmt denn nun? Wer weiß genau, authentisch und wirklich Auskunft zu geben über den Mann aus Nazareth? Niemand? Nein: Jesus selbst.

Natürlich, am besten ist es stets, den Betreffenden selbst kennenzulernen. Zum Glück ist die Quellenlage in Bezug auf Jesus ziemlich gut: das Neue Testament ist historisch hervorragend belegt.

Aber spricht Jesus darin überhaupt von sich selbst? Ja, ausdrücklich. An vielen Stellen des Neuen Testaments redet er von seinem Handeln, von seinem Auftrag und auch von seiner eigenen Person.

Am eindrücklichsten beschreibt Jesus sich selbst wohl in den berühmten „Ich bin"-Worten des Johannesevangeliums. Er sagt: „Ich bin der gute Hirte; ich bin der wahre Weinstock; ich bin das Brot und das Wasser des Lebens; ich bin die Tür; ich bin die Auferstehung und das Leben; ich bin der Weg, die Wahrheit und das Leben; ich bin das Licht der Welt, wer zu mir kommt, wird nicht im Finstern leben" – wunderbare Bildworte sind das.

„Wer weiß Auskunft zu geben über Jesus?"

Leider sind sie nicht immer einfach zu verstehen. Doch es ist lohnenswert, sich mit diesen Bildern, die Jesus selbst uns anbietet, zu beschäftigen. Hier kann aus der ahnenden Frage: Jesus? die tröstende Gewissheit: Jesus! werden.

Wie das gelingen kann? Entweder alleine in der meditierenden Bibellese oder aber gemeinsam mit anderen im (Bibel-)Gespräch und im Gottesdienst. Herzliche Einladung!

Lächeln

Lächeln

Wie einfach wir doch gestrickt sind, wir Menschen! Mit was für kleinen Tricks man uns in die gewünschte Richtung schieben, uns manipulieren kann!

Da ist zum Beispiel der Zahnarztstuhl, in den ich mich routinemäßig zweimal jährlich setzen darf. Wie gesagt, routinemäßig, nur zur Kontrolle. Normalerweise deutet nichts auf größere Probleme hin, und doch: Auf dem Weg zu diesem Stuhl flattern mir die Knie. Dabei bin ich gar kein so ängstlicher Typ. Aber das Surren und Schleifen, das Quietschen und Kreischen der dentistischen Arbeitsgeräte, das während meiner Wartezeit mit perfider Penetranz aus dem Nebenzimmer dringt, macht mich mürbe. Jedenfalls setze ich mich, wenn ich dran bin, mit ziemlich flauem Gefühl im Bauch in meinen Stuhl.

Und dann geschieht es, jedes Mal wieder: Kaum sitze ich, da muss ich lächeln, und irgendwie geht's mir besser, mein Magen hört zu rumoren auf. Seit Jahren ist es immer das gleiche Schema: flaues Gefühl – hinsetzen – lächeln – besser fühlen.

Wie das kommt? Ganz einfach. Meine Zahnärztin muss im Studium ein Semester Psychologie eingeschoben haben. Denn auf das kleine Tischchen neben dem hydraulischen Stuhl hat sie nicht nur Bohrer und Spiegel drapiert, sondern auch ein kleines Schild gestellt. In fettgedruckten Lettern ist da zu lesen: „Lächeln!"

Mehr steht da nicht. Nur ein Wort. Ein einziges Wort. Lächeln. Und es ist seit Jahren das gleiche Schild. Ich habe es dutzende Male gelesen. Und doch: Jedes Mal wieder lächle ich. Phänomenal.

Aber irgendwie bleibt da auch eine Frage zurück: Wenn es so einfach geht, einen Menschen aus seiner Angst zu reißen; wenn ein kleiner Schups, eine winzige Ermutigung schon so gut tut, warum machen wir es dann so selten? Warum meckern wir lieber?

„Warum meckern wir lieber?"

Neulich sah ich ein T-Shirt mit aufgedrucktem Smiley und dem Spruch: „Gott hat dir dein Gesicht gegeben, lächeln musst du selbst." Stimmt.

Miesepetern verdirbt das Miteinander. Dümmlich grinsen auch. Aber lächeln tut gut. Dieser Segensspruch aus Irland ermutige dazu:

Gott segne das Lächeln,
mit dem du andere begrüßt und glücklich machst.
In deinem Lächeln wohnt seine Gnade.
In deiner Anmut wohnt seine Wunderkraft.
Schenke Segen und lass dich beschenken
mit dem Segen,
der dir von anderen Antwort gibt –
denn auch aus ihnen spricht Gott zu dir.

Frucht des Jahres

In den ersten Wochen eines neuen Jahres werden regelmäßig Auszeichnungen vergeben. So auch 2008: Magdalena Neuner ist Sportlerin, Biathletin und Nachwuchssportlerin des Jahres geworden, der Zahnarzt Markus Merk wurde zum dritten Mal als Weltschiedsrichter im Fußball gewählt. Aus über 80 000 Fotos schaffte es in Amsterdam ein Bild des britischen Fotografen Tim Hetherington zum *World Press Photo* 2008. Und mancher und manches mehr bekam seine Lorbeeren oder eine Prämie.

Mir gefällt das: Ehre, wem Ehre gebührt. Und so habe ich mir Gedanken gemacht, welchen Preis ich selbst gerne vergeben würde. Vieles ging mir durch den Kopf, aber ich entschied mich für diesen: die Frucht des Jahres 2007.

Und, wer wird der Preisträger sein? Während ich diese Zeilen schreibe, beiße ich in einen Apfel. Hmm, der ist knackig, mit frischem säuerlich-süßen Aroma; er kommt schon nahe dran. Auch die Banane heute morgen, aufs Honigbrot geschnitten, war gut. Aber es reicht noch nicht ganz – ein anderes Früchtchen macht für mich diesmal das Rennen. *And the winner is:* die Pomelo.

Die kennen Sie doch, die Pomelo, oder? Dieses große, gelbe Ding. Das man entweder mit langem oder kurzem

„o", aber immer mit langem „e" ausspricht. Eine Zitruspflanze, die um 1970 in Israel aus einer Rückkreuzung zwischen Grapefruit und Pampelmuse entstand. Etwas herb im Geschmack, aber nicht so bitter wie die Grapefruit. In der Hitze des Sommers schmeckt sie lecker erfrischend. Im letzten Jahr war die Pomelo plötzlich bei jedem Obsthändler im Sortiment. Eine echte Bereicherung!

Doch nicht weil sie so lecker ist, gewinnt sie meine Wertung. (Obwohl das schon fast reichen würde.) Nein, sie gewinnt wegen ihrer dicken Schale. Wer eine Pomelo schält, kann ein Lied davon singen: Buchstäblich daumendick muss die Pelle entfernt werden, bevor die Schnitze (das ist Schweizerdeutsch für „Einzelteile" oder „Segmente") freigelegt sind. Und die Schnitze wiederum sind in eine feste Haut gepackt (etwa dreifache Grapefruitstärke), die noch einmal abgepult sein will. Eine Menge Arbeit.

„Obst gewordene Antwort auf Fast Food."

Und eben drum gefällt sie mir so: Die Pomelo ist die Obst gewordene Antwort auf unsere Fast-Food-Mentalität. Alles muss immer schnell gehen. Beim Pomeloschälen geht das nicht.

„Vor den Erfolg haben die Götter den Schweiß gesetzt." Oder: „Von nichts kommt nichts." Sagt der Volksmund. „Wer nicht arbeitet, soll auch nicht essen." Sagt die Bibel. Das ist eine wichtige Lebenserfahrung. Wer immerzu von Almosen leben muss, wer alles immer umsonst kriegt – der verliert seine Würde. Wer immer schnellen Erfolg hat – der verlernt, mit Schwierigkeiten umzugehen, ein Misserfolg wirft ihn dann schnell aus der Bahn.

Manchmal muss ich mich an diese wichtigen Einsichten erinnern. Darum: *And the winner is* die Pomelo.

Unverschämt?

Unverschämt?

Anfang des Jahres erhielt ich eine E-Mail mit dem folgenden Inhalt:

„Sehr geehrter Herr Heimowski, ich bin in einem Buch auf einen Beitrag von Ihnen gestoßen, der mich sehr angesprochen hat. Nun möchte ich so unverschämt sein und Sie um einen Artikel für unsere Zeitschrift bitten. Besonders unverschämt ist diese Anfrage, weil ich ihn schon bis nächste Woche brauche."

Ich hatte gerade etwas Zeit, also sagte ich zu und schrieb den Artikel. Das Thema war „Versuchung", dazu hatte ich schon mal etwas geschrieben, so fiel es mir nicht allzu schwer.

Aber ein Stichwort aus der E-Mail ließ mich auch nach dem Schreiben nicht los: War diese Anfrage tatsächlich *unverschämt*? Die Verfasserin hatte das Wort immerhin gleich zweimal gebraucht.

Warum eigentlich? Ich empfand es gar nicht so, mir kam sie nicht unverschämt vor. Ich hätte doch auch Nein sagen können. Wenn sie den erwähnen Beitrag aus dem Buch oder einen anderen Artikel von mir einfach ohne Rückfrage oder, wie ich es schon mehrfach erlebt habe, in einer abgeänderten, nicht autorisierten Fassung, nachgedruckt hätte – das wäre unverschämt gewesen.

Aber eine Frage zu stellen, die den Ausgang offen lässt, ist für mich absolut in Ordnung. Unverschämtheit nimmt dem anderen die Freiheit oder verletzt seine Würde. Nichts davon hat sie getan.

Manchmal allerdings gibt es Aussagen, die klingen noch viel unverschämter, obwohl sie aus einer Ecke kommen, woher man eine Unverschämtheit am wenigsten erwarten würde.

Nehmen wir einmal Jesus Christus. Wenn der sagt: *Ich bin der Weg, ich bin die Wahrheit, und ich bin das Leben! Ohne mich kann niemand zum Vater kommen* (Johannes 14,6), dann klingt das doch irgendwie merkwürdig. Exklusiv. Intolerant. Wenn nicht sogar unverschämt. Wie kann man solche Ansprüche stellen?

„Kann man so unverschämt bescheiden sein?“

Ist das unverschämt? Nein, denn es ist – bei aller Deutlichkeit – letztlich genau wie bei der oben erwähnten Anfrage, die ich per E-Mail erhielt: Gott lädt ein, nennt klare Konditionen – und lässt uns frei entscheiden. Natürlich ist die Dimension eine andere. Es geht um nicht weniger als eine Beziehung zum lebendigen Gott!

Ist das nicht unglaublich? Jesus kennt den Vater, den guten Gott. Und er möchte ihn uns zeigen. Weil er Gott liebt, und weil er uns Menschen liebt. Doch aufdrängen würde er sich nie. Wie kann man nur so unverschämt bescheiden sein?

Klinsmann-Effekt

Er ist wieder da. Jürgen Klinsmann wird zur Saison 2008/2009 Trainer des FC Bayern München. Ottmar Hitzfeld übernimmt den Posten des Nationaltrainers in der Schweiz. Ich freue mich, dass Klinsmann zurück nach Deutschland kommt. Ich mag den sympathischen Sturkopf aus dem Schwabenland.

Aber ob es wieder einen „Klinsmann-Effekt" geben wird? So nannte man das, was sich vor und während und nach der FIFA Fußball-Weltmeisterschaft Deutschland 2006™ in unserem Land abgespielt hat: ein Ruck – um es mit den Worten unseres ehemaligen Bundespräsidenten Roman Herzog zu sagen – ein Ruck ging durch Deutschland. Eine Welle der Begeisterung. Ein neues Gefühl von Stolz auf das eigene Heimatland – und zugleich eine beeindruckende Gastfreundschaft gegenüber Menschen aus anderen Ländern. „Die Welt zu Gast bei Freunden." Dieses Motto wurde wahr. Und Klinsmann hatte daran einen Bärenanteil.

Toll war das. Toll wäre es erneut. Toll wäre es auch auf ganz anderer Ebene. Es gibt da nämlich eine christliche Vokabel, die quasi eine Entsprechung zum „Klinsmann-Effekt" ist: das alte Wort „Erweckung".

Erweckung bedeutet, dass Menschen – und die Frommen zuerst und vor allem – aus ihrem Schlaf, der durchaus ein Kirchenschlaf sein kann, erwachen und sich dafür begeistern lassen, die Welt für ihren Herrn umzukrempeln, wie Klinsmann es mit dem Deutschen Fußball-Bund getan hat.

Erweckung bedeutet, dass Menschen sich im Namen Gottes treffen, um zu beten, zu feiern, Gott zu loben – und den Menschen zu dienen.

Erweckung bedeutet, dass Gott, dass Glaube, dass Kirche, dass christliche Werte wie Ehrlichkeit und Treue, wie die Achtung vor dem Leben, auch an dessen Anfang und Ende, in unserer Gesellschaft wieder ein Thema werden.

„Dass Menschen verändert werden."

Erweckung bedeutet, dass Menschen aus einer persönlichen Beziehung zu Gott heraus erneuert und verändert werden.

Erweckung bedeutet, dass Christen im Namen ihres Herrn die Stimme für die Ärmsten und Schwächsten der Gesellschaft erheben.

Viele Christen in Deutschland beten darum, dass eine solche Erweckung passiert. Das ist gut. Aber es ist auch gefährlich. Denn – Erweckung fängt immer ganz klein und persönlich an: in meinem eigenen Herzen. Wer um Erweckung betet, wird selber verändert werden.

Lassen wir uns darauf ein! Lassen wir uns begeistern. Wenn schon der neue Coach des FC Bayern es vermocht hat, eine solche Welle der Begeisterung auszulösen, um wie viel mehr vermag es dann der Schöpfer dieser Welt?

Geliebt

Meine Frau besuchte vor kurzem im Rahmen einer Weiterbildung ein Seminar zum Thema Geschwisterkonstellationen. Als sie nach drei Tagen zurück kam, erzählte sie mir ausführlich davon.

An einer etwas zugespitzten Bemerkung des Ausbilders, eines Ehe- und Familientherapeuten, blieben wir hängen: „Kinder brauchen keine Eltern, die *sie* lieben, sondern Eltern, die *sich* lieben." Denn – so seine Schlussfolgerung – wer sich selbst liebt, der kann auch andere lieben. Eltern, die einander lieben, lieben auch ihre Kinder. Das hat was, finde ich. Klingt irgendwie plausibel.

Plötzlich stand da diese Frage im Raum, ich weiß gar nicht mehr, wer von uns sie gestellt hat: „Sag mal, wie drückt man eigentlich aus, wenn man sich selbst liebt?"

Ja, wie? Sagt man zu sich selbst: „Ich mag mich"; „ich finde mich gut" oder „ich bin stolz auf mich"?

Nee, das machen wir nicht. Das finden wir albern oder arrogant oder einfach nur komisch. Und das ist ja auch komisch. Irgendwie unangemessen. Wer so über sich redet, den schauen wir scheel von der Seite an.

Und wir finden das nicht nur deswegen merkwürdig, weil wir alle viel zu bescheiden sind, um uns selbst zu loben. Sondern vor allem, weil Selbstliebe so nicht funktioniert. Man kann sie sich nicht einreden.

Es gibt Dinge, die sagt man sich nicht selber. Die können uns nur andere sagen. Wenn ich durch die Geste eines anderen erfahre, dass ich geliebt bin; wenn ich aus dem Munde eines Menschen höre, dass er mich mag; wenn mir gesagt und gezeigt wird, dass ich etwas wert bin. Dann kann ich mich auch selbst lieben. Sonst kann ich mir einreden, was ich will, es funktioniert nicht. Liebe lebt vom Gegenüber. Das ist ihr Wesen.

„... dass du mich schon immer geliebt hast."

Was aber, wenn Menschen diese Liebe ihr Leben lang entbehren mussten? Wo können sie dann sie finden? Gott sagt uns in seinem Wort zu: *„Ich habe euch schon immer geliebt, darum bin ich euch stets mit Güte begegnet"* (Jeremia 31,3).

Das hat Substanz. Ich bin geliebt. Gott liebt mich. Schon immer. Und wenn *er* mich liebt, dann habe ich eine Basis, um mich selbst zu lieben.

Übrigens gibt es tatsächlich eine Form, Selbstliebe auszudrücken. In diesem Gebet kann man es tun: „Ich danke dir, Herr, dass du mich liebst und schon immer geliebt hast." Wer das glauben und so beten kann, der hat seinen Kindern, und auch anderen Menschen, wirklich etwas weiterzugeben.

Schlechte Laune

Ich habe schlecht geschlafen. Denke ich jedenfalls. Vielleicht bin ich auch mit dem falschen Fuß aufgestanden. Oder sind es die Kinder, die schon am Morgen energiegeladen durch die Hütte springen und mir keine Zeit zum Aufwachen lassen?

Was ist los heute? Irgend etwas nervt! Kopfschmerzen? Nee, auch nicht. Und ebenso kein Bauchgrimmen, Muskelziehen, Augenzucken. Nichts dergleichen. Welche Laus ist mir da bloß über die Leber gelaufen?

Wahrscheinlich liegt es an Christine. An wem sonst?! Sie ist schließlich meine Frau – und damit mein Lieblingssündenbock.

Ehrlich gesagt: Es ist nichts von allem. Keiner hat Schuld. Nichts ist passiert. Gar nichts, es ist alles so wie gestern, und da war alles gut. Und trotzdem habe ich schlechte Laune. Einfach nur schlechte Laune. Ich könnte schimpfen, stampfen, motzen, maulen. Wie angeworfen ist das da. Scheißtag! Kotzbrocken. Warum auch immer.

So geht's mir manchmal. Ihnen auch? Mich nervt das. Ich mag mich nicht, wenn ich schlechte Laune habe. Ich wäre gerne anders. Ich wäre gerne netter. Ausgeglichener. Nicht so ungerecht. Nicht so launisch. Aber – das bin ich nicht. Ich kann nicht raus aus meiner Haut. Ich habe schlechte Laune. Immer mal wieder, einfach so. Wie sagte mal jemand: „Auch Männer haben ihre Tage."

Einen kleinen Trost habe ich neulich beim Lesen im Neuen Testament gefunden. Dort heißt es: *Wenn ihr zornig seid, dann ladet nicht Schuld auf euch* (Epheser 4,26).

Mein Trost: Da ist von Zorn die Rede, ganz selbstverständlich. Ich bin also nicht der einzige mit schlechter Laune. Das kannten die Menschen schon vor 2 000 Jahren. Es tut gut, verstanden zu werden ...

> *„Dann will ich wenigstens die Klappe halten."*

Doch im Text steckt noch mehr, er weckt Hoffnung: Es scheint möglich zu sein, anderen trotz schlechter Laune nichts zu tun. Zorn ist normal, sündigen muss nicht sein.

Okay, das will ich mir vornehmen: Wenn ich schon schlechte Laune habe, dann will ich wenigstens die Klappe halten. Christine und die Kinder und all die anderen Leute – die können schließlich nichts dafür.

Der Bibelvers geht noch weiter: *Lasst die Sonne nicht untergehen, ohne dass ihr einander vergeben habt.*

Na, das ist doch mal 'ne Aussicht: Es geht auch wieder vorbei. Und wir können etwas dafür tun. Sonst würde Paulus uns nicht so auffordern. Was kann man tun? Beten, sich entschuldigen, sich erklären.

Möglichst früh am Tag wäre natürlich für alle Beteiligten am besten. Klappt das nicht, ist das Gute-Nacht-Gebet noch mal eine Gelegenheit (bevor die Sonne untergeht). Aber warum eigentlich so lange warten?

Jeden Morgen

Jeden Morgen

Jeden Morgen dasselbe Prozedere: Noch im Halbschlaf ins Badezimmer schlurfen, die Zahnbürste aus dem Glas nehmen, Zahnpasta aus der Tube drücken – und wie immer kommt erst gar nichts, dann gleich zuviel und kleckert ins Waschbecken. Kann denn nicht endlich mal jemand eine anständige Verpackung für das Zeug erfinden? –, die Bürste in den Mund. Kreisen, kreisen, putzen, kreisen, spülen. Fertig.

Jeden Morgen dasselbe Resultat: saubere Zähne und ein angenehmer Geschmack im Mund. Ein Ritual, das Sinn macht.

In unserer Familie gibt es morgens noch andere Rituale. Die drei Großen stehen zuerst auf, um in die Schule zu gehen, unser Kindergartenkind schläft meistens noch ein bisschen. Wir frühstücken zusammen. Bevor wir essen, lesen wir aus einem kleinen Büchlein. Darin steht für jeden Tag ein lustiger Kinderspruch und ein dazu passend ausgewählter Bibelvers. Beides tut uns gut.

Wir lachen meistens herzlich über diese Sprüche aus Kindermund. Neulich lasen wir: „Mama, sagt der Sechsjährige, gib mir schnell etwas zu trinken, ich verhungere vor Durst." Die Kinder prusteten los. Das war genau ihr Humor.

Miteinander lachen ist etwas vom Schönsten in einer Familie. Was für ein toller Start in den Tag, wenn man miteinander gelacht hat! Ein Ritual, das Sinn macht.

Danach reden wir über den Bibelvers. An diesem Tag lesen wir: *„Wer von dem Wasser trinkt, das ich ihm gebe, der wird nie wieder Durst bekommen."* Jesus Christus hat das gesagt, es steht in Johannes 4,14.

„Was bedeutet das? Was ist das für ein Wasser? Wie kann es sein, dass man keinen Durst mehr hat?", wollen die Kinder wissen.

„Mama, ich verhungere vor Durst."

Ich erkläre es ihnen, soweit ich kann, während sie mit dicken Backen ihr Frühstücksbrot kauen. Wir reden über die Bedeutung von Glauben und über das ewige Leben. Glauben heißt, dass die Freundschaft mit Jesus für immer besteht, in diesem Leben auf der Erde, und sie hört auch nach dem Tod nicht auf – das ist das ewige Leben.

Die Kinder nicken zustimmend. Danach beten wir, schmieren Pausenbrote, frühstücken zu Ende, putzen die Zähne, und ab geht's in die Schule.

Und so ist es jeden Morgen dasselbe Prozedere: Sauberkeit, Heiterkeit, Nachdenken und lecker Frühstücken. Nahrung für Leib und Seele. Ein Ritual, das Sinn macht.

Träume

Träume

Donnerstags liegt immer *Die Zeit* in unserem Briefkasten. Selten schaffen wir diese umfangreiche Wochenzeitung ganz (sie ist einfach zu dick für uns), aber wir lesen sie gerne. Beigefügt ist immer das Magazin *Leben* (das ist etwas dünner).

Kürzlich titelte dieses Magazin: „Jugend 2007". In verschiedenen Beiträgen, viele selbst von Jugendlichen verfasst, wurde die Lebenswirklichkeit „heutiger" Jugendlicher beschrieben. Wie erlebt man seine Jugend im Jahre 2007? Da gab es einen Beitrag über die immer frühere körperliche Reife, einen über Partys, über Handys, über das Verhältnis der Generationen zueinander, und manche mehr.

Am meisten sprach mich eine Reportage über Träume an, über Lebensträume. „Wir haben einen Traum 2007" lautete die Überschrift.

Ein Berliner Rapper träumt davon, sich selbst treu zu bleiben. Ira, 22, wünscht sich, irgendwann einmal Indonesisch zu lernen. Leslie, 12, träumt davon, mit ihrer Mädchenclique nach der Schule in eine WG zu ziehen. Für Felix, 17, besteht der größte Wunsch darin, mit seiner Freundin zusammen zu bleiben. Johannes, ebenfalls 17, träumt von einer Frau und zwei Kindern.

Ich war erstaunt, wie „normal" diese Träume sind. Irgendwie kleinbürgerlich. Als ich selber in diesem Alter war, träumte ich davon, die Welt zu verbessern, alles anders zu machen als „die Alten". Gerechtigkeit und Frieden – das waren meine, unsere Themen.

Träume sind Schäume, sagt der Volksmund. Meine großen Träume blieben blasses Gefasel auf den Kifferpartys mit meinen Freunden. Vielleicht sind „kleine" Träume da viel sinnvoller.

Allerdings sind nicht alle Träume Schäume. Manch ein großer Traum entfaltet eine außerordentliche Wirkung. Einen dieser Träume, vielleicht den wirkungsvollsten Traum des gesamten 20. Jahrhunderts, träumte der schwarze Friedensnobelpreisträger Martin Luther King jr. „I have a dream" hieß seine Rede im Jahr 1963, die wie ein Lauffeuer um die Welt ging. Einer der Spitzensätze darin lautet: „Ich habe einen Traum, dass meine vier kleinen Kinder eines Tages in einer Nation leben werden, in der man sie nicht nach ihrer Hautfarbe, sondern nach ihrem Charakter beurteilen wird."

„Leute mit großen Träumen, die anstecken."

Noch immer gibt es Rassismus, nicht nur in den USA, sondern auch hier bei uns in Deutschland. Doch hat Martin Luther Kings Traum etwas in Bewegung gesetzt und so – langsam, aber stetig – eine ganze Gesellschaft verändert. Mit Barak Obama bewirbt sich 2008 erstmals ein Afroamerikaner aussichtsreich um das Amt des US-Präsidenten.

Ich freue mich, wenn Jugendliche träumen, auch wenn es kleine Träume sind. Aber ich wünsche mir auch junge Leute mit großen Träumen, damit sie uns anstecken mit ihrer Sehnsucht nach einer besseren Welt.

Licht anzünden

Es gibt Sätze, Aphorismen, die sind so klug, dass auf kleinstem Raum die Weisheit eines ganzen Lebens zusammengefasst scheint. Wie ein Bündel von Lichtstrahlen einen Laser ergibt, so fokussiert sich hier Lebensklugheit auf einen Punkt. Neulich begegnete mir mal wieder ein solcher Satz:

„Man kann nicht gegen die Nacht ankämpfen, aber man kann ein Licht anzünden."

Giovanni Battista Bernardone (1181/1182–1226), besser bekannt als Franz von Assisi oder heiliger Franziskus, wird dieser Satz zugeschrieben.

Was für ein sprechendes Bild. Wer kann schon die Nacht erhellen?

Nun gut, der Vollmond gibt der Nacht Licht. Aber er scheint nur alle vier Wochen.

Nun gut, die Leuchtreklamen der Vergnügungsviertel hellen die Nacht auf. Aber das gelingt nur kurzzeitig, und auf Kosten einer hohen Strom- und Seelenrechnung.

Nein, Nacht bleibt Nacht.

Auch im übertragenen Sinne bleibt die Nacht eine Nacht: Die Nacht der Enttäuschung, die Nacht der Einsamkeit, die Nacht der Krankheit. Wer in Trauer, in Ängsten, in Depressionen, in Verzweiflung lebt, wer Hoffnungen begraben und Verluste ertragen musste, der weiß um diese unbezwingbare Macht der Nacht.

Man kann nicht gegen die Nacht ankämpfen ... traurig, aber wahr!

Aber ... aber man kann ein Licht anzünden.

Jawohl, das kann man.

Im Winter ist es häufig eine Kerze, im Sommer eine Fackel im Garten, die wir entzünden. Wir wärmen uns daran oder erfreuen uns an den Flammen, dem Schein, dem Glanz. Das Licht, winters wie sommers, tut uns gut.

„Man kann nicht gegen die Nacht ankämpfen."

Es gibt ein ewiges Licht. Es gibt einen Schein, der uns in der Dunkelheit tröstet, uns leitet und uns neue Hoffnung spendet.

„Ich bin das Licht für die Welt", ruft Jesus Christus, Gottes Sohn, höchstpersönlich den Menschen zu (Johannes 8,12). Und seine Worte haben Gültigkeit bis auf den heutigen Tag.

Man kann ein Licht anzünden, indem man beginnt, in seinen dunkelsten Stunden mit diesem Jesus zu reden; wenn man einmal alles ausspricht, wenn es vielleicht sogar aus einem heraus bricht.

Man kann ein Licht anzünden, indem man beginnt, in Gottes Wort, der Bibel, zu lesen; wenn man entdeckt, dass die Menschen dort – etwa in den Psalmen – Worte gefunden haben, um genau diese dunklen Zeiten zu beschreiben.

Man kann ein Licht anzünden, indem man ein geistliches Lied singt; ein Lied, das aufbaut, die Perspektive verändert.

Man kann ein Licht anzünden, indem man Gemeinschaft mit anderen sucht, vielleicht mit ihnen betet.

Ist das nicht eine wundervolle Botschaft? Auch wenn die Nacht bleibt: Jesus ist, wie Gitta Leuschner in der deutschen Übersetzung eines Liedes formuliert, der „Stern in der Nacht, dunkelster Nacht".

Man kann ein Licht anzünden. Das will ich tun. Tag für Tag.

Schneehase

Schneehase

Ich hatte mich so sehr auf Ostern gefreut. Auf den Frühling, die Sonnenstrahlen, die Rosenknospen. Es gab auch noch den einen oder anderen Pfahl zu streichen, den Garten umzugraben, Steine zu versetzen. Gartenarbeit kann so gut tun.

Und dann das: Schnee. Nicht etwa ein paar zarte Flöckchen als vorzeitiger Aprilscherz, nein, dichtes Schneegestöber den ganzen Samstag über, eine dichte, weiße Decke im Garten am Sonntag. Den ganzen Winter hat es nicht geschneit, und nun muss das gerade heute sein. Wie blöd, Manno ... Ich war sauer, echt sauer.

Doch gesegnet und glücklich zu preisen ist der Mann, dem Kinder beschieden. Was macht die Meute? Bricht in Jubel aus. Findet es lustig, weiße Eier im weißen Schnee zu verstecken. Und beschließt schon beim Frühstück den Tagesplan: Heute Nachmittag wird ein Schneehase gebaut.

Ihr Optimismus steckt mich an, zumindest soweit, dass es ein schöner Ostergottesdienst wird: Der Herr ist auferstanden, er ist wahrhaftig auferstanden.

Nachmittags – nach einem wahren Festschmaus mit Lasagne und Tiramisu und einem für die Kinder viel zu langen Mittagsschlaf – geht es endlich ans Werk: Der Hase entsteht.

Florian und Papa schleppen den Schnee aus allen Ecken des Gartens und von den Nachbarn zur Linken und zur Rechten herbei und formen einen Körper.

Melissa und Mama gestalten einen Kopf mit dem lustigsten Knickohr, das je einen Osterhasen geziert hat.

Talitha bricht Zweige für den Schnurrbart.

Savina findet zwei runde Steine für die Augen.

Alle sind mit Eifer dabei.

Das Resultat kann sich sehen lassen. Ja, ich muss sagen, dieser Hase ist ein echtes Schmuckstück. Papa macht ein Foto von allen und stellt fest: Jedem einzelnen steht das Glück ins Gesicht geschrieben.

„Uwe, ärgere dich nicht so viel."

Und wieder, mal wieder, haben meine Kinder mich etwas gelehrt: Uwe, ärgere dich nicht so viel. Erstens kommt es anders und zweitens, als man denkt. Na und? Pack den Stier bei den Hörnern oder besser, um im Bild zu bleiben: Pack den Hasen bei den Ohren und mach was draus.

Die Bibel lehrt uns: *Wer Gott liebt, dem dient alles, was geschieht, zum Guten* (Römer 8,28). Denn, wie hatte ich heute gepredigt: Der Herr ist auferstanden. Wie kann man eigentlich an einen lebendigen Gott glauben und so vom Wetter abhängig sein?!

Es wurde ein großartiges Osterfest.

Wer glaubt an mich?

„Ich glaube an Gott; aber ich glaube, Gott glaubt nicht an mich."

Bei Heinz Rudolf Kunze, Musiker und Literat, habe ich diesen Satz gehört. Kunze zitiert damit einen „Knacki", einen Menschen, der im Gefängnis sitzt.

Als ich diesen Satz las, drängten sich mir einige Fragen auf: Was mag dieser Mann erlebt haben? Wie oft mag er vielleicht zu Gott geschrien haben, in Verzweiflung, in Einsamkeit, unter der Last seiner Schuld? Was muss er für schlechte Erfahrungen mit sich selber gemacht haben, trotz aller Gebete, da er meint, er habe keine Lebenschance, nicht einmal in Gottes Augen? Wie viel Resignation steckt in diesen Worten, wie viel ehemalige Hoffnung hört man, die sich einst aufzubäumen schien, aber dann im Nichts versackte? „Gott glaubt nicht an mich." Selbst diese allerletzte Hoffnungsquelle scheint versiegt.

Welches Gottes- und Frömmigkeitsbild mag diesen Mann bestimmen? Gott ist unnahbar und heilig – und nur perfekte, heilige Menschen dürfen sich ihm nähern? Gott, kein Gott für Sünder?

Und doch ist das Dunkel dieses Satzes nicht ganz so schwarzkalt und aussichtslos, wie es im ersten Moment scheint.

„Ich glaube an Gott."

Bei diesem Mann ist also doch noch etwas geblieben. Da ist doch noch die Ahnung, dass irgendwo ein Lichtlein leuchten könnte, auch für ihn. Er glaubt es nicht mehr, doch die Sehnsucht ist nicht erloschen. Und ist nicht diese Sehnsucht nach dem verloren Gegangenen häufig die Triebfeder dafür, etwas Neues zu wagen?

An dieser Stelle, wo gerade ein wenig Hoffnung aufkeimen will, werde ich plötzlich unsagbar traurig. Wer soll das Licht hineintragen, ins Gefängnis?

Heinz Rudolf Kunze, den ich als brillanten Beobachter schätze, beschreibt, zeigt auf, rüttelt wach. Antworten tut er nicht.

„Erleben, dass Gott etwas daraus macht."

Wenn ich selber antworten soll, muss ich von Jesus reden. Ja, an dieser Stelle ist es nötig, von Jesus zu reden. Denn dieser Jesus Christus kann selbst hinter Gitterstäben wirklich und letztlich Hoffnung verleihen.

Jesus hat gesagt: *Der Geist des Herrn ... hat mich gesandt, den Armen die frohe Botschaft zu bringen. Ich rufe Freiheit aus für die Gefangenen* (Lukas 4,18). Und Jesus macht nicht nur Worte. Er tut, was er sagt. Wer sein Leben Jesus anvertraut, der wird erleben, dass Gott etwas daraus macht. Selbst hinter Mauern und Gitterstäben kann man frei werden von Schuld, von Verachtung und Hoffnungslosigkeit.

Gott hat den Glauben an seine Menschen noch nicht verloren. Sonst hätte er nicht seinen Sohn gesandt.

Müde

Es ist spät geworden. Christine bringt Florian ins Bett, will mit ihm den Tag abschließen. Er schlüpft schon mal ins Bett, kuschelt sich ins Kissen und gähnt laut, während die Mama im Nebenzimmer noch schnell etwas Wäsche aufhängt.

Nach ein paar Augenblicken ruft es durch die offene Tür: „Mama, weckst du mich dann, wenn du mich ins Bett bringst?"

Süß, nicht wahr? Und was für eine Tiefe steckt da drin. Was für eine Sehnsucht.

Florian ist müde. Morgen ist Schule, er muss früh raus. Und eigentlich übermannt ihn seine Müdigkeit bereits. Doch ohne Mamas Kuss und Segen einschlafen? Das geht nicht. Lieber lässt er sich noch mal wecken, als diese Zuwendung zu verpassen.

Mutterliebe ist ein Schatz, den man kaum ermessen kann. Gibt es selbstlosere Liebe? Größere Hingabe? Mehr Nähe als das vertraute Miteinander zwischen Mutter und Kind?

Ich will euch trösten wie eine Mutter ihr Kind, schrieb der Prophet Jesaja vor über 3 000 Jahren (Jesaja 66,13). Schon damals wussten die Menschen um den Trost, die

Gefühle, die Intimität einer Mutter. Es ist ein starkes Bild. Die tröstende Mutter. Die Kunst hat es aufgenommen. Michelangelos *Pietà Palestrina* in Florenz, die trauernde Maria mit dem Leichnam Jesu auf dem Schoß, ist weltberühmt geworden. Sicher auch wegen der perfekten Linien, die der Meister aus Stein gemeißelt hat. Aber ganz bestimmt nicht minder wegen der Geste dieser Plastik: die trauernde, noch im Angesicht des Todes tröstende Mutter.

Menschen können trösten. Mütter können trösten. Der Prophet spricht mit seinem Bild im Namen Gottes. Das ist noch eins obendrauf. Warum hat eine Mutter eine solche Nähe zu ihrem Kind? Weil sie es in ihrem Körper getragen und geboren hat. Es ist Fleisch von ihrem Fleisch.

„Gibt es größere Hingabe?"

Wenn Gott sich nun als Tröster anbietet, dann tut – und kann – er es, weil er der Schöpfer des Menschen ist. Weil Gott mich noch tiefer, inniger, noch länger kennt als meine Mutter. Dass es mich gibt, dass meine Mutter mich empfangen hat – es war Gottes Gedanke. Was auch immer mir geschieht, nichts kann diesen Trost nehmen: Gott hat mich gewollt. Ich bin sein Geschöpf. Er ist für mich da.

„Gute Nacht, Flori." Christine haucht einen Kuss auf Florians Stirn. Er blinzelt im Halbschlaf, runzelt die Stirn, erkennt endlich seine Mama und strahlt sie an: „Gute Nacht, Mama." Und schon ist er wieder eingeschlafen. Getröstet.

Gottbus

Marc ist eines von Gottes besonderen Kindern. Seine Entwicklung unterscheidet sich von der seiner Altersgenossen. Marc ist etwas über 20. Ein Bär von Statur, ragt er an die Zwei-Meter-Marke heran. Aber er hat ein kindliches Gemüt und lebt in einer eigenen Welt. Marc ist Autist.

Vor ein paar Jahren kam Marc in unsere Gemeinde. Seine Mutter, die kurz zuvor Christ geworden war, brachte ihn mit. Es fiel ihm nicht leicht. Marc hat Mühe, auf Menschen zuzugehen. Aber es gefiel ihm. Er kam gerne und fühlte sich in den Gottesdiensten wohl. Nach ein paar Wochen unterhielten wir uns zum ersten Mal etwas länger. Marc erzählte mir von seinem Hobby: Er schwärmt von Bussen und Straßenbahnen und allem, was damit zu tun hat: Tickets, Fahrpläne und so weiter. Er kennt jede einzelne Fahrgestellnummer der Geraer Straßenbahn. Phänomenal. Marc lud mich ein, ihn einmal zu besuchen und mir seine Sammlung anzuschauen.

Gerne folgte ich seiner Einladung. In seinem Zimmer präsentierte Marc mir dann ein Bild. Einen Bus, den er selbst gemalt hatte. Auf dem Nummernschild stand: „Gott-bus". Ich dachte sofort an die Stadt in Brandenburg und las halblaut „Cottbus".

Marc korrigierte mich bestimmt: „Gott-bus."

„Nein, Marc", erklärte ich ihm, „das heißt Cottbus, weißt du, die Stadt schreibt man mit ‚C' und nicht mit ‚G'."

Marcs Stimme wurde laut und etwas schrill. Mit Nachdruck beharrte er darauf: „Gott-bus. Es heißt Gott-bus!"

Gerade wollte ich genervt abwiegeln, da begriff ich endlich, was Marc mir sagen wollte. Ach, was haben wir sogenannten „Normalen" manchmal für eine lange Leitung, weil wir meinen, wir wüssten schon Bescheid ...

Natürlich: Marc hatte seinen Bus Gott gewidmet. Langsam ging mir die Dimension dieses Bildes auf: Busse sind Marcs Größtes, sein Hobby, sein Schatz. Und dieser Schatz, so sagte dieses Bild, sollte nun Gott gehören.

„Sein Hobby: Marc schwärmt von Bussen."

Marc hat in seiner Sprache, mit seinen Bildern ausgedrückt, was Gott ihm bedeutet.

An Pfingsten 2006 wurde Marc getauft. Und das hat mich sehr gefreut. Macht es doch so anschaulich deutlich, dass es besonders kindliche Herzen sind, in denen Gott Wohnung nimmt.

Virus Computervirus

Nun habe ich auch einen: meinen ersten Computervirus. Willkommen in der Cyber-World! Dabei habe ich nur ein bisschen gegoogelt und nach Bildern gesucht. Plötzlich blinkte ein Popup-Fenster auf: „Achtung, ungesicherte Datei!" Ich dachte mir: Ach, was soll's, du hattest noch nie einen Virus, klickte unbeschwert „ignorieren", und von nun an meldete sich Warnton um Warnton, öffnete sich Fensterchen um Fensterchen: „Sie haben einen gefährlichen Virus, beenden Sie sofort Ihr Programm." Und dann ging nichts mehr. Mist!

Erst kurz zuvor hatte mir ein fürsorglicher Freund ein kostenloses Antivirenprogramm installiert. Aber dadurch war mein Rechner langsamer geworden. Also hatte ich es bald wieder gelöscht. Nun saß ich da und ärgerte mich.

Ich ärgere mich. Schuld ist natürlich dieser blöde Virus. Aber wie wahr ist eigentlich dieser Satz: Ich ärgere mich! Wer hat denn die Warnung ignoriert? Wer hat das Antivirenprogramm gelöscht? Wer in selbstgefälliger Arroganz gemeint, dass es ihn sowieso nicht treffen würde ...?

So bin ich. Ich lasse mir nicht gerne etwas sagen. Und schon gar nicht verbieten! Warum eigentlich nicht? Wenn es mir hilft, mich schützt, mir gut tut – warum dann trotzdem den eigenen Kopf durchsetzen?

Mit so einem Virus kann es dumm laufen. Der ganze Computer kann dabei zerstört werden. Das ist heftig – und doch nur ein PC.

Was kann man alles aufs Spiel setzen, wenn man nicht auf die richtigen Warnungen hört! Auch in der Bibel finden wir Warnmeldungen. Die bekanntesten von ihnen sind sicher die Zehn Gebote. Gott sagt darin: Achtung, sei treu – eine ganze Ehe ist in Gefahr! Achtung, sei ehrlich – sonst riskierst du, dass Menschen dir nicht mehr vertrauen! Achtung, lasse deinen Neid – dein eigenes Glück fällt ihm zum Opfer! Achtung, mach mal Pause – sonst klappst du zusammen! Achtung, suche dir keine anderen Götter – du setzt deine Ewigkeit aufs Spiel!

„Wichtige Verbote haben ihren Sinn."

Das sind klare Ansagen. Sie verlangsamen mitunter mein Lebenstempo. Sie sind im Moment nicht immer bequem. Darüber kann ich mich ärgern. Oder darauf hören. Denn wenn ich sie nicht ernst nehme, ärgere ich mich über die Folgen – und das kann weit schlimmer werden.

Meinen Computer habe ich wieder hinbekommen. Ein Freund hat mir geholfen, der Virus ist gelöscht. Ich habe jetzt wieder ein Antivirenprogramm. Und ich habe gelernt: Wichtige Verbote haben ihren Sinn.

Hiobsbotschaften

„Mann, die Armen, die machen echt was mit; eine Hiobsbotschaft nach der anderen." Unsere Freundin schüt-
telte mitfühlend den Kopf. Sie hatte von gemeinsamen
Bekannten erzählt. Da hatte es in den letzten Tagen
einige „Überraschungen" gegeben. Die Tochter war plötzlich schwanger; und es war unklar, wie ihr Studium wei-
tergehen sollte. Dann erklärte der Sohn, dass auch seine
Freundin ein Baby erwarte, nicht minder überraschend.
Tja, und diese Nachrichten überrollten die ganze Familie
nun.

Das war nicht einfach, wirklich nicht. Aber „Hiobsbotschaften"?

Hiob war ein rechtschaffener Mann, nährte sich red-
lich und vertraute Gott. Da wird er plötzlich Opfer einer
heimtückischen, gar noch himmlischen, Intrige. Satan
spricht bei Gott vor und verleumdet den armen Mann: Er
sei nur deswegen so fromm, weil es ihm so gut gehe. Das
Ungeheuerliche geschieht: Gott erlaubt Satan tatsächlich, Hiob mit Leid zu überschütten, um seinen Glauben
zu testen. Und so kommt es, dass Hiob den Verlust seiner
Herden, seiner Knechte und seines Besitzes hinnehmen
muss. Und dann noch das: alle Kinder kommen ums

Leben. Hiob verarmt und erkrankt schließlich an einem Ausschlag.

Hiobsbotschaften: Das sind Nachrichten von Leid, von Schmerz, von Verlust und von Tod. Wenn wir Willkür erleben, Erfahrungen machen (müssen), die einen an Gottes Güte verzweifeln lassen können. Wenn aus heiterem Himmel nichts mehr so ist wie vorher.

Hiob verliert alles.

Was ist mit den Nachrichten unserer Freundin? Nein, das waren keine Hiobsbotschaften. Das war starker Tobak. Viel auf einmal. Nicht leicht für alle. Aber: Hier kommen Kinder zur Welt. Hier entsteht Leben. Hier wächst Neues heran. Kein Kind auf dieser Welt ist eine Hiobsbotschaft, und seien die

„Gott lässt sich in allem, auch im Leid, finden."

Umstände noch so widrig. Jedes Kind ist ein Gedanke Gottes.

Mögen die Eltern und Großeltern, die Freunde, Verwandten und Bekannten ein Ja dazu bekommen. Denn nur wer die guten Dinge – und was sonst ist ein neues Leben? – aus Gottes Hand nehmen kann, lernt, auch in schweren Tagen seinen Glauben zu bewahren.

Hiob gelingt das. Er wird fast verrückt an Gott, er ringt mit Gott, er schreit zu Gott. Aber er lässt ihn nicht. Hiob findet auf viele Fragen keine Antwort. Aber er findet zurück zu seinem Gott. Das ist die eigentliche „Hiobsbotschaft": Gott lässt sich in allem, auch im Leid, finden.

Zehnerkarte

Zehnerkarte

Kaum etwas tut mir so gut wie ein Abend in der Sauna. Die Wärme. Die Ruhe. Das Schwitzen. In der Sauna kann ich echt relaxen. Und es stärkt meine Abwehrkräfte. Wenn ich regelmäßig hingehe, bin ich viel seltener erkältet.

Nun mag ich große Saunen nicht. Viel zu viel Trubel. FKK allerorten, das gefällt mir nicht. Ich gehe schließlich zum Schwitzen in die Sauna, nicht zum Glotzen.

Vor einiger Zeit habe ich eine nette kleine Sauna entdeckt. Ein Freund von mir besucht ein Fitnessstudio und empfahl mir, dort mal hinzugehen. Tatsächlich, eine gemütliche, kleine Sauna mit Ruheraum.

Wer die benutzen möchte, muss allerdings dem Studio beitreten: 50 Euro im Monat. Das war mir zu dicke. Wer weiß, wie oft ich es tatsächlich schaffe? Und ich will auch nur in die Sauna. Kein Judokurs, keine Rückenschule, keine Deltamuskel-Maschine, einfach nur schwitzen und entspannen.

Gerade wollte ich wieder gehen, da zog der junge Mann hinter dem Tresen noch einen Trumpf aus dem Ärmel: eine Zehnerkarte. Das klang gut. 80 Euro Vorkasse, aber ich durfte kommen, wann ich wollte, und bleiben, so lange ich wollte.

Ich löste mein Ticket, kam tags darauf ins Studio, und alles war gut. Fast. Denn vor ein paar Tagen fiel mir die Zehnerkarte mal wieder in die Hände. Ich hatte irgendwie verschwitzt (was für ein passender Begriff ...), einen zweiten Besuch wahrzunehmen. Nun ging ich also wieder hin und zeigte meine Karte vor. Ein einsamer Stempel zierte den Karton.

Der Typ hinterm Tresen verdrehte die Augen. „Nee", meinte er und lachte mich ein bisschen aus. „Nach anderthalb Jahren gelten die nicht mehr."

„Saftsack!", sagte ich zum Glück nicht, aber dachte ich. Was fällt dem ein?! Ich habe 80 Euro gelöhnt, das ist eine Menge Geld. Und nun zickt der Knabe hier rum. Wir diskutierten eine Weile, er zeigte mir ein Merkblatt mit den Allgemeinen Geschäftsbedingungen: „Gültigkeit von Zehnerkarten: zwölf Monate", ich hatte es selbst unterschrieben. Immerhin bot er mir an, ich dürfe für diesen einen Tag umsonst rein, meine Karte gelte aber nicht mehr. Eigentlich wollte ich gleich abdampfen, entschied mich dann aber doch für die Sauna.

„Nach 18 Monaten gelten die nicht mehr."

Nun lag ich da, schwitzte – und entspannte mich zusehends. Wer hatte regelmäßig gehen wollen? Wer hatte mehr als ein Jahr keine Zeit gefunden? Wer hatte (wie immer ...) die Geschäftsbedingungen nicht richtig gelesen?

Wie gesagt, Sauna tut mir gut. Ich entspannte mich, und segnete den jungen Mann. Und nahm mir vor, regelmäßiger zu gehen.

Warum ich Zelte mag

Glauben? Glauben heißt nicht wissen – und selig sind bekanntlich die geistig Armen. Aber ich? Nee, das war nichts für mich.

Fußball? Ja, Fußball, damit konnte ich was anfangen. Wenn ich nicht gerade an Mädchen dachte, war mein Kopf bei Fußball. Frischgebackener Torschützenkönig in der A-Jugend, nun auf dem Sprung in die Bezirksligamannschaft. Wo Gelegenheit war, trat ich den Ball. Jetzt war Sommerpause und ich hatte Langeweile.

Mein Freund Conrad sprach mich an: „Uwe, Samstag ist ein Kick auf der Festwiese. Machst du mit?" „Na klar. Gegen wen spielen wir denn?" „Gegen die mit dem Zelt." „Was für ein Zelt?" „Na, da steht doch so ein Zelt auf der Wiese, Missionszelt oder so heißt das. Die haben ein Team und Antje fragte, ob wir gegen sie spielen wollen. Abends wird dann gegrillt und im Zelt ist so eine Art Konzert."

Antje, unsere Mitschülerin, war Christin und gehörte zu einer kleinen Freikirche. Wir zogen sie manchmal auf wegen ihrem kleinen roten Anstecker, auf dem stand „Jesus lebt". Wir dachten, sie sei in einer Sekte. Aber sonst war sie ziemlich in Ordnung und ziemlich hübsch, da durfte sie ruhig eine Macke haben. Also sagte ich zu.

Der Samstag kam. Wir gewannen locker. Beim Grillen trank ich ein paar Bier, und damit war die Stimmung gut genug, auch ins Zelt zu gehen. So 60, 70 Leute waren da. Wir saßen auf unbequemen Bänken, aber die Atmosphäre war irgendwie gut. Man begrüßte sich, war sehr freundlich. Es gab ein buntes Programm: Lieder, ein Theaterstück, jemand berichtete aus seinem Leben und dann hielt jemand einen Vortrag. Er sprach sehr engagiert und überzeugt, nicht so langweilig, wie ich Kirche bis dahin erlebt hatte. Ich war gefesselt von seiner Rede. Irgendwie gelang es dem Mann, etwas in mir anzusprechen.

„Irgendwo hatte sich ein kleiner Funke eingenistet."

Nach dem Ende stürmte ich aus dem Zelt. Ich war aufgewühlt – das sollte aber keiner merken. Im Laufe der Woche kam ich noch zwei-, dreimal. Ich war fasziniert von dem Geschehen und den Worten.

Dann war die Zeit zu Ende, das Zelt wurde abgebaut. Und ich machte weiter wie vorher. Ohne Gott und Glaube. Jedenfalls fast. Irgendwo hatte sich doch ein kleiner Funke eingenistet. Es dauerte einige Jahre und es bedurfte einer schweren Lebenskrise, bis der Funke entfacht wurde. Die Leute von dem Zelt und der Referent haben das alles gar nicht mehr mitbekommen und wahrscheinlich auch später nicht erfahren. Aber dass ich Christ wurde, dann Pastor – das hat viel mit diesem Samstagabend in Nordfriesland zu tun.

Fußball? Liebe ich nach wie vor, spiele ich aber nur noch sehr selten, meine Hüfte macht mir Probleme. Glaube? Der ist entstanden, gewachsen – und hat mich getragen, wo ich mich und die Welt nicht mehr verstanden habe.

Bin dafür!
Und wogegen sind Sie?

Bei einer Konferenz hielt ich ein Seminar über christliche Ethik. Im Anschluss sprach mich ein Journalist an. Er wollte eine kleine Nachricht über das Seminar schreiben. Ob ich ihm ein paar Fragen beantworten könnte? Gerne.

„Und wogegen sind Sie?" So begann er. Mir verschlug es die Sprache.

„Entschuldigung, was meinen Sie damit?"

„Ich möchte wissen, wogegen Sie sind."

„Aber, das ist doch nicht das Wichtigste an meinem Seminar."

„Ich denke, es geht um christliche Ethik? Da kann ich doch wohl eine klare Stellungnahme erwarten, oder?"

„Klare Stellungnahme?"

„Ja, gegen Homosexualität und gegen Abtreibung."

Ich versuchte ihm zu erklären, dass es mir um Leitlinien, um Maßstäbe für christliches Handeln gehe, und nicht um Abgrenzungen. Doch ich fürchte, er verstand mich nicht. Es war ihm auch nicht plakativ genug. Am Ende gab es keine Nachricht.

Mann, o Mann, dachte ich später. *Dagegen sein* – das ist also das Bild von christlicher Ethik?

Dabei sind Christen in erster Linie eins: dafür. Und das aus gutem Grund. Gerade weil wir Gott durch und durch als den überaus guten Vater erleben, in der Beziehung mit unserem Schöpfer den Reichtum des Lebens erfahren (und das hat nicht unbedingt etwas mit unserem Kontostand zu tun), sind Christen *dafür*.

Und zwar vor allen Abgrenzungen, die durchaus auch ihre Berechtigung haben. Ja, es gibt ein „aber". Abgrenzen ist einfach – und billig.

Aber sich einmischen, bei den Menschen sein, wirklich etwas verändern und bewirken in dieser Welt, das ist nicht so einfach. Da tragen keine schnellen Antworten. Da braucht es Zeit und Geduld, da braucht es Nähe zu den Menschen – und es braucht Geld.

„Ein Ja zum Leben. Ich bin dafür!"

Natürlich braucht es übrigens auch einen klaren Standpunkt: Ein Ja zum Leben. Ich bin dafür!

Zum Autor

Zum Autor

Uwe Heimowski, Jahrgang 1964, ist verheiratet mit Christine, sie haben vier Kinder (Melissa, Florian, Talitha und Savina). Nach Erzieherausbildung und Theologiestudium Aufbau einer Gruppe für suchtkranke Jugendliche. Seit 2001 Gemeindereferent der Evangelisch-Freikirchlichen Gemeinde Gera (www.g-26.de).

Daneben freiberuflicher Coach (vor allem Gemeindeberatung) und Dozent (u. a. Sozial- und Wirtschaftsethik an der Berufsakademie Gera). Regelmäßige Beiträge für die Zeitschriften *dran, family, Neues Leben* und andere.

Nähere Infos: www.uwe-heimowski.de

Weitere Veröffentlichungen

* *Ich will bei dir sein – Du trauerst nicht allein.* Mit Musik-CD. Schwarzenfeld 2007
* *Die Heilsarmee. Practical Religion – gelebter Glaube.* Schwarzenfeld 2006
* *Brunos Dankeschön – Geschichten von der Reeperbahn.* Schwarzenfeld 2005
* *Spielsucht – Mein Weg aus der Abhängigkeit.* Schiers 2004